비 온 뒤 맑음

雨過天青 : 2016-2019 有你一起走的婚姻平權攝影故事書

THE CALM AFTER THE STORM :
A PHOTOBOOK OF TAIWAN'S JOURNEY TO MARRIAGE EQUALITY(2016-2019)

This translation is published by arrangement with Locus Publishing Company
through SilkRoad Agency, Seoul, Korea.

이 책의 한국어판 저작권은 실크로드 에이전시를 통해
Locus Publishing Company와 독점 계약한 ㈜사계절출판사에 있습니다.

비 온 뒤 맑음

雨過天青

사진과 이야기로 보는
타이완 동성 결혼 법제화의 여정

무지개평등권빅플랫폼 지음 · 강영희 옮김
성소수자 가족구성권 네트워크 감수

사계절

일러두기

1. 이 책을 쓴 무지개평등권빅플랫폼(2016년 설립 당시의 이름은 결혼평등권빅플랫폼)은 다음의 5개 단체가 모여 결성한 것으로 해당 단체의 중문명, 영문명은 아래와 같다.

	중문명	영문명
무지개평등권빅플랫폼	彩虹平權大平台	Taiwan Equality Campaign
타이완 성소수자 상담핫라인협회	台灣同志諮詢熱線協會	Taiwan Tongzhi Hotline Association
타이완 성소수자 가족권익촉진회	台灣同志家庭權益促進會	Taiwan LGBTQ Family Rights Advocacy
여성자각재단	婦女新知基金會	Awakening Foundation
타이완 성소수자 인권법안로비연맹	台灣同志人權法案遊說聯盟	The Lobby Alliance for LGBT Human Rights
GagaOOLala 성소수자 동영상 플랫폼	GagaOOLala 同志影音平台	GagaOOLala

2. 본문에 * 표시와 함께 추가한 각주는 모두 옮긴이 주이다.
3. 사진 속 혹은 사진 옆 사각형 안의 문장은 현수막, 팻말, 전광판 등에 쓰인 문장을 번역한 것이다.

이 책을 다음과 같은 분에게 바칩니다.

|

저마다 독특하고 아름답게 성장하여 다양성이 공존하는 이 땅에서 더불어 살기를 희망하는 2348만 7509명의 국민

|

2018년 국민투표 때 의연하게 결혼 평등을 지지하여 서로에게 온기를 주고 버팀목이 되어준 것을 잊지 않을 350만 7665명의 유권자

|

자신이 믿는 가치를 위해 일어나 여덟 차례의 대규모 거리 행진에 동참한 55만 9000명의 행동하는 사람

|

결혼평등권빅플랫폼이 세 차례 벌인 기부금 모금 활동에 기꺼이 동참하여 전 세계가 타이완의 민주주의와 자유, 시민사회가 얼마나 진보했는지 목도하게 한 1만 6895명의 타이완 자주 시민

|

빅플랫폼과 함께 걸어온 국내외 자원봉사자들, 빅플랫폼의 자원봉사자들인 샤오미펑小蜜蜂, 평등권 국민투표 소위원회의 자원봉사자들인 샤오커아이小可愛

|

특별히 비안성畢安生* 선생님과 그 지인, 뒤뒤多多** 우쉬량巫緒樑에게 감사드립니다. 당신들이 남긴 사랑과 용기 덕분에 타이완은 더 좋은 변화를 이끌어낼 수 있었습니다.

* 프랑스 태생으로 프랑스 이름은 자크 피쿠Jacques Picoux이다. 한때 타이완대학교에서 프랑스어와 문학을 강의했다. 타이완 뉴웨이브 영화 제작에 참여했으며 허우샤오셴侯孝賢, 왕자웨이王家卫 등 중화권 감독의 영화를 프랑스어로 번역해 유럽에 보급했다. 2015년 10월, 35년 동안 함께했던 반려자 쩡징차오曾敬超가 암으로 죽기 전 변호사를 통해 집과 돈을 그에게 남기지만, 동성 결혼이 아직 법제화되지 않은 타이완에서 부부 관계를 인정받지 못해 끝내 유산을 상속받지 못했다. 반려자 쩡징차오가 죽은 뒤 2016년 10월 16일 비안성은 자신의 거처에서 추락해 사망하는데 경찰은 자살로 판단했다.

** 성소수자권리운동을 함께한 동료인 우쉬량의 별명이다. 2017년 12월에 병으로 세상을 뜨면서 동성 결혼 법제화를 살아생전 목격하지 못했다.

평등을 향한 끈질긴 여정

변화를 위한 움직임과 그 결실은 어떻게 오는 것일까. 『비 온 뒤 맑음』은 흔히 언론에 몇몇 유명인과 특별한 사건을 통해 등장하는 영웅담이 아니라, 결혼 평등권 쟁취를 위해 수십 년간 차곡차곡 운동의 성과를 쌓아온 '내부자들'이 2016~2019년 동성 결혼 법제화 막바지의 숨 가쁜 여정을 충실히 기록한 책이다. 과연 이 여정은 어떠했을까?

완전한 자유를 누리기 어려운 자국을 떠나 잠시 해방을 느낄 곳을 찾아간 한국의 퀴어 여행자들에게 방콕의 실롬 거리, 도쿄의 신주쿠 니초메, 그리고 타이베이台北의 시먼딩西門町과 홍러우紅樓는 자유를 상징하는 장소다. 이들 각각의 도시에는 이국의 기분 좋은 낯섦 속에 잠시 머무는 여행객이 다 헤아리기 어려운 고유한 역사와 투쟁의 시간이 있다. 이 책의 배경인 타이완 역시 마찬가지다. 1부의 연대기적 서술을 보면 마치 2019년 5월의 타이완 동성 결혼 법제화는 불과 3년여 만에 갑자기 이루어진 일 같지만, 실은 수십 년간의 투쟁과 점진적인 변화 위에 만들어진 역사적 산물이다.

타이완과 성소수자

타이완 성소수자운동의 선구자로 일컬어지는 치자웨이祁家威는 성소수자에 관한 이야기는 상상도 할 수 없었던, 서슬 퍼렇던 군부 계엄령 치하의 1986년에 공개 기자 회견을 통해 게이로 커밍아웃한다. 치자웨이 이후 성소수자운동의 여러 움직임은 1980년대 후반과 1990년대 타이완의 민주화라는 정치적 상황과 궤를 같이하며 비로소 공적 대화의 가능성을 갖게 된다.

2000년대에 들어서 타이완은 한 중학생의 화장실 내 사망 사건을 계기로 2004년 입법된 「성평등교육법」의 성적 지향 차별금지 조항, 여러 노동 관련법의 성적 지향 차별금지 조항 강화, 2008년 내정부 행정 명령을 통한 트랜스젠더의 성별 정정 등 여러 법적 제도적 이정표를 만들어간다.

이러한 배경 아래서 타이완 입법원에서는 2000년대 초반부터 동성 결혼 관련 법안에 관한 논의가 진행되었다. 2003년 천수이볜陳水扁 총통 재임 기간 동안 인권 기본법 논의가 진행되며 아시아에서 최초로 동성 결혼과 동성 커플의 입양을 가능하게 하는 법률 초안이 마련되었으나 발의되지는 않았다. 2012년 12월 26일 입법원에서는 법무부장관, 국회의원, NGO, 당사자들이 참석한 가운데 동성 결혼 법제화에 대한 최초의 공청회가 열렸다. 2013년 10월 제1야당인 민진당의 국회의원 23명을 중심으로 동성 결혼이 포함된 민법 개정안이 발의되고 2014년 일독을 통과했으나, 이후 국회의원들의 임기 만료로 자동 폐기되었다.

하지만 이 과정에서 타이완 법무부는 2012년 5월 독일, 프랑스, 캐나다의 동성 결합 법제에 대한 연구를 마쳤고, 2012년 12월 동성 결혼에 대한 아시아 국가들의 관행을 살펴보기 위한 독립적인 연구를 발주하는 등 이미 미래를 위한 준비를 시작하고 있었다.

슬픔 속에서 만든 기회의 시간: 2016년 입법 논의

대선 후보 시절부터 동성 결혼을 지지하던 민진당의 차이잉원蔡英文이 2016년 1월 타이완 제14대 총통으로 당선되었다. 타이완 성소수자운동 단체들은 원래 2016년 연말 무렵 동성 결혼을 위한 민법 개정안 발의 운동을 시작할 계획이었다. 그런데 2016년 10월 16일 프랑스 국적으로 타이베이에 거주하던 비안성(자크 피커우) 타이완대학교 교수가 자살하는 사건이 발생했다. 비안성 교수는 동성 파트너 쩡징차오와 35년을 함께했으나 파트너의 암 발병 이후 쩡징차오의 가족이 모든 권리를 독점하여 치료와 관련해 아무런 결정도 내리지 못했고, 쩡징차오의 사망 이후 함께 살던 집에서도 쫓겨났다.

비안성 교수의 사망 이후 채 열흘이 지나지 않은 2016년 10월 24일 민진당 유메이뉘尤美女 국회의원을 대표로 하여 민법 개정안이 발의되었다. 법안 발의 이후 입법원에서 검토와 토론이 지속되던 두 달 동안 전 사회적으로 많은 논의가 있었다. 반대 단체들도 수차례 큰 집회를 열었지만, 동성 결혼을 지지하는 25만 명의 시민이 12월 10일 타이베이 총통부 앞에 운집해 대규모 콘서트를 열었다. 이렇게 사회적으로 활발한 논의가 이루어지는 동안,

타이완 법무부는 독일 모델을 참조한 '동성반려법' 연구 용역을 완성했다.

한편 타이완 사법원에서는 여전히 논의가 진행 중이었다. 타이베이 지방 및 고등법원은 여러 사건에서 "타이완 민법상 이성 간 혼인만을 규정하지는 않지만 약혼 요건으로 남녀를 요구하고 혼인은 약혼의 연장선이므로 해석상 혼인도 남녀 간 이성혼만 가능하다. 혼인의 형태는 입법자의 재량에 달린 것이므로 이성혼만 규정하는 것이 위헌은 아니다"라는 해석을 반복하고 있었다.

승리의 시간: 2017년 5월 사법원의 해석

또 하나의 계기는 2017년 예상치 않게 사법원이 만든다. 2016년 연말의 동성 결혼 입법 논의의 열기가 여전히 남아 있던 2017년 2월 10일 타이완 사법원은 이미 계류되어 있던 민법과 동성 결혼에 대한 헌법적 해석에 관한 사건들—치자웨이와 타이베이 시정부의 헌법 해석 청원 사건—을 종합하여 3월 24일 공개 심리 기일을 열 것이라 발표했다. 타이완 사법원이 보도 자료를 통해 기일의 주요 쟁점이 될 것이라고 밝힌 질문은 네 가지였다.

1. 민법 제4편 친족 제2장 혼인 규정이 동성의 두 사람의 혼인을 허용하는가?

2. 그렇지 않다면, 그것은 헌법 제22조의 열거되지 않은 권리인 혼인의 자유 침해인가?

3. 그렇지 않다면, 헌법 제7조 평등권 침해인가?

4. 비혼인 동반자 제도를 창설하는 것은 헌법 제7조 평등 조항과 제22조가 보장하는 혼인의 자유의 취지에 부합하는가?

마침내 2017년 5월 24일 타이완 사법원은 "민법 제972조 현행 규정이 이성만이 법률상 혼인 관계를 할 수 있고 동성 간의 결혼을 허용하지 않는 것은 헌법 제22조가 보장하는 혼인의 자유, 헌법 제7조 평등 원칙에 위반된다. 이러한 위헌 부분은 2년을 기한으로 개선해야 한다. 만일 2년 내에 여전히 법률 규정이 정비되지 않았다면 동성 커플은 민법에 따라 호적관리사무소에서 결혼 등기를 수리할 수 있다"라고 하며 민법의 동성 결혼 금지는 위헌이라는 결정을 내렸다.

사법원은 3개의 주요 질문에 대해 "민법 제4편 친족 제2장 혼인 규정이 동성 커플을 달리 보는 것은 공동생활의 목적으로 친밀하고 배타적이며 영속적 결합 관계를 형성한 범위 내에서 헌법 제22조가 보장하는 혼인 자유 및 제7조가 보장하는 평등 취지에 위배"되고 질문 4에 대해 "관계 기관은 본 해석 공포 후 2년 내에 본 해석 취지에 따라 관련 법을 개정 또는 제정해야 한다. 어떤 형식(가령 혼인 규정 수정, 민법 친족편 별도 규정, 특별법 또는 기타 형식 제정)으로 공동생활의 목적으로 친밀하고 배타적이며 영속적 결합 관계를 형성한 동성 커플을 동등하게 대우하여 혼인 자유의 평등을 보장할지는 입법 형성 범위 내이다"라고 하며 입법 형식은 재량이지만 동등하지 않은 대우를 할 수는 없다고 못 박았다.

사법원의 후속 입법에 대한 지시는 꽤 명확했다. 많은 이들이 5월 24일의 역사적인 결정으로 입법 문제가 완전히 정리될 것이라고 생각했다. 하지만 전 세계의 축하를 받은 2017년의 축제 분위기가 지나가고, 2018년 상황은 완전히 다른 국면으로 접어든다.

예상하지 못한 반동과 패배: 2018년 11월 국민투표

2018년 초 타이완의 보수 세력은 국민투표 발안 조건이 완화된 것을 이용하여 사법원의 결정을 무력화하려는 시도로 2018년 11월 지방 선거와 동시 실시되는 국민투표에 동성 결혼과 성소수자 인권에 반대하는 3개 안을 발의한다. 2017년 12월 개정된 국민발안 제도에 따르면 발안 조건이 전체 유권자의 5퍼센트에서 1.5퍼센트로 완화되었고, 유권자의 25퍼센트 이상이 참여하고 찬성표가 반대표보다 많기만 하면 가결이 가능했다. 투표 내용의 위헌성을 묻는 중앙선거위원회의 심사도 실질적 심사에서 형식적 심의 형식으로 문턱이 낮아졌다.

동성 결혼을 국민투표에 부친 사례는 헌법 개정이 필요했던 아일랜드나 플레비사이트plebiscite(단순히 국민의 의사를 묻는 것으로 법적 구속력이 없다)를 실시한 호주 등 극소수뿐이다. 아일랜드와 호주 두 경우 모두 국민투표에서 동성 결혼 찬성이 나올 것이 매우 유력한 상황에서 진행되었다.

'다수가 결정한다'는 원칙은 일견 민주주의적인 방식으로 보이지만, 사법부가 소수자의 기본권에 대해 최종적으로 판단한 사안을 대중 투표popular vote로 결정하는 것은 민주주의 사회에서 권장할 만한 일이 아니다. 국민투표를 계기로 그동안 공론의 장에 설 수 없었던 차별을 선동하는 말들과 가짜 뉴스가 합법적인 캠페인의 외피를 쓰고 전국에 퍼지는 해악이 발생하기 때문이다. 타이완의 한 동료는 국민투표와 선거 기간 동안 자신의 집 앞과 투표소 근처에 걸려 있던 끔찍한 혐오 표현의 말들을 여전히 기억한다고 말했다.

어떤 이유에서든 원치 않았던 싸움이 발생하고 말았다. 결혼평등권빅플랫폼은 전국 단위의 국민투표에 대응하기에는 턱없이 모자라는 자금과 인력 상황에서도 광범위한 자발적 네트워크를 동원해 긍정의 메시지를 전파했다. 2018년은 긴장과 고통의 시간이었지만 타이완 성소수자운동은 위기를 기회로 이용하고자 했다. 사회민주당의 먀오보야苗博雅 의원은 성소수자 반대운동 측의 10, 11, 12번 3개 안에 대항하고자 성소수자 인권을 지지하는 14, 15번 2개 안을 발안했다. 원래 성소수자운동 측은 유권자에게 혼란을 줄 수 있는 추가적인 발안에 동의하지 않았으나 다시 '2개 안 찬성, 3개 안 반대'라는 슬로건으로 재정비하고 전국을 순회했다.

지방 선거일이자 국민투표일이었던 2018년 11월 24일은 타이완 성소수자들에게 어둠의 시간으로 기억된다. 개표가 진행되며 성소수자 인권을 퇴보시킬 3개 안의 통과가 확실해지자, 성소수자 단체들은 SNS 라이브 방송을 켜고 '괜찮다'는 메시지를 반복해서 발신하며 충격에 빠진 커뮤니티를 안심시켰다.

마침내 하나의 이정표: 2019년 5월 17일 입법

이 책 1부의 타임라인에도 언급되어 있듯이 2019년 타이완 성소수자운동은 커뮤니티의 정신 건강 문제를 완화하는 일에 집중했다. 사법원이 정한 입법 시한은 2년, 2019년 내 입법은 기정사실이었다. 문제는 '어떻게'였다. 성소수자운동 단체들은 국민투표에서 패배하긴 했으나, '헌법을 위반하는' 입법은 가능하지 않다는 사실을 확실히 하고자 했다.

행정원 내의 치열한 토론 끝에 2019년 2월 21일 결혼의 자유에 대한 평등한 보호를 담은 「사법원 석자釋字 제748호 해석 시행법」 초안이 행정원의 승인 이후 입법원으로 넘겨진다. 한편 반대세력과 국민당은 「국민투표 제12안 시행법」(동성공동생활법)이라는 이름으로 권리의 수준을 낮춘 특별법을 제안한다. 이후 5월까지 빅플랫폼을 비롯한 성소수자운동 단체들은 광범위한 시민단체와 인권단체, 노동조합, 기업, 국회의원을 조직하여 찬성의 목소리를 모아나간다. 계속되는 충돌과 타협 끝에 결국 5월 17일 「사법원 석자 제748호 해석 시행법」은 찬성 66표, 반대 27표로 입법원을 통과하고, 5월 24일 정식으로 발효된다. 3년 남짓, 아니 수십 년을 이어온 숨 가쁜 여정이 마침내 하나의 상징적 이정표를 만들어낸 순간이었다.

왜 타이완인가

동성 결혼 법제화 소식으로 전 세계를 놀라게 한 타이완의 정치적 맥락에서 중국과의 복잡한 양안 관계, 독립성과 존재감을 자주 위협받는 국가적 정체성을 빼놓을 수 없다. 평등과 다양성은 성소수자를 넘어 타이완의 젊은 세대에게 소중한 가치이자 시대정신이다. '아시아에서 첫 번째First in Asia'라는 국가적 자긍심을 강조하는 슬로건은 미온적인 중간층을 설득하는 데 어느 정도 효과적이었다. 하지만 '타이완이라서' 어려운 점도 적지 않았다. 타이완 섬에 보수적인 지역이 적은 것도 아니다. '국가 아닌 국가'로서 유엔 등 국제 사회의 지지를 끌어오는 데도 어려움이 많았다.

단 하나의 마법 같은 레시피는 없었다. 『비 온 뒤 맑음』은 사회운동으로 역사적 변화를 만들어내기 위해서는 계획과 전략, 많은 사람의 의지와 끈기, 그리고 약간의 운도 필요하다는 교훈을 전한다. 타임라인 속 한 줄의 사건으로만 기록된 발의, 기자 회견, 집회, 광고, 콘서트 뒤에는 통제할 수 없는 수많은 변수와 뒤따르는 적응과 전환의 시간이 있었다.

비안성 교수의 사망으로 갑자기 앞당겨진 입법 시간표를 성소수자운동 단체들은 새로운 기회로 이용했다. 종교계에 큰 반대 세력이 없다던 타이완에서 놀랍게도 반대 단체들이 차별적인 내용을 담은 국민투표 3개 안을 발의하고 이에 대항하기 위해 성소수자를 지지하는 정치인이 2개 안을 추가로 발의하는 등 복잡한 변수가 발생했지만, 빅플랫폼과 그 동료들은 이 또한 기회로 삼았다. 국민투표 패배에 성소수자 커뮤니티의 정신 건강 문제가 심화되자 활동가들은 핫라인 전화 상담에 집중했다. 동성결혼법, 동성배우자법 등 법의 명칭을 두고 이견이 좁혀지지 않던 상황에서는 행정원이 제시한 '사법원의 해석에 대한 시행법'이라는 중립적 명칭에 동의했다. 입양이나 국제결혼과 같은 중요한 권리가 누락되었지만 이를 시정하는 일은 다음 기회를 기약하기로 했다. 이와 같이 이 책을 빼곡하게 채운 생생한 현장 기록은 액티비즘activism 교과서에 나올 법한 실전 사례라 할 수 있다.

타이완 국민은 평등한 결혼이라는 구체적인 권리뿐만 아니라 성소수자가 평등한 시민으로 존중받는 자랑스러운 나라에서 살고 싶다는 염원을 이루었다. 반동과 후퇴, 아픔과 상실이 거듭된 이 기나긴 여정은 결코 쉽지 않았다. 그러나 타이완 사회는 대화와 전진의 노력을 멈추지 않았다. 사법원, 입법원 사이의 불확실성이 고조되던 2019년 무렵에도 이미 지방자치단체의 파트너 등록제로 타이완 인구의 94퍼센트가 자신이 사는 지역에서 동성 파트너 등록을 할 수 있었다. 변화는 한 곳에서만 일어난 것이 아니었다.

현재 타이완 성소수자운동은 동성 결혼에서의 입양, 보조생식기술assisted reproductive technology 사용, 국제결혼, 트랜스젠더의 성별 정정, 포괄적 성교육 등 산적한 과제를 해결하기 위해 여전히 노력하고 있다. 이 가운데 어느 하나도 쉬운 일이 아니지만 이들에게는 승리의 기억과 역량이 고스란히 남아 있다. 그러니 『비온 뒤 맑음』이 전하는 교훈은 '왜 타이완인가'보다는 '타이완은 되는데 왜 한국은 안 되는가'가 아닐까?

다음 정차역, 한국

3년 남짓의 긴장감 넘치는 시간 동안, 일보 전진 이후에 반보 후퇴가 있을 때마다 타이완 동료들에게 안부를 물었다. 그때마다 웃으면서 "우린 괜찮아, 다음을 만들면 되지"라던 그들의 끈기와 회복력을 기억한다. 불가능해 보이던 '미션 임파서블' 뒤에는 사람들이 있었다. 내가 사는 곳을 더 좋게 바꾸고 나와 내 가족, 친구, 동료가 조금 더 행복할 수 있는 조건을 만드는 것은 누구나 원하는 일일 것이다. 이 생생한 기록과 뒷이야기를 우리에게 공유해준 타이완의 동료들에게 고마움과 존경의 마음을 전한다.

이 책을 통해 타이완이 어떠한 조건에서 성공했는지 알게 되었으니, 여기 이 땅을 더 평등한 곳으로 만들기 위한 작업에 더 많은 이들이 동참하리라 믿는다. 이제 우리는 여기 한국에서 비 온 뒤 유난히 더 맑은 하늘에 무지개 깃발을 흔들며 서로를 부둥켜안을 그날을 갈망한다. 그날을 하루라도 앞당기는 일은 이 땅에 사는 우리 모두의 시민적 의무일 것이다.

성소수자 가족구성권 네트워크

류민희

햇살의 따스함이 언제나 함께하기를

「사법원 석자 제748호 해석 시행법」은 결혼의 자유와 만인 평등에 관한 헌법상의 권리를 명시하고 있다. 그 내용에는 그동안 성소수자들이 걸어온 길에서 치른 투쟁과 피눈물이 스며들어 있으며, 행간에는 사회적 갈등과 정치적 논쟁을 거친 타협의 흔적이 남아 있다.

2019년 5월 17일, 이 법이 통과된 것은 타이완이 마침내 차별 사회라는 한계를 극복하고 다양성을 존중하는 새로운 시대로 진입했음을 의미한다.

모든 시대 전환이 그렇듯 하루아침에 이루어지는 일은 없다. 가치관의 변화 역시 무수한 사람들의 소소한 생각 변화가 모여 이루어진다. 이 책이 기록한 이야기는 역사의 긴 강줄기 속에서 많은 부분 잊힐 테지만, 이 길을 함께 걸어온 사람들만큼은 서로의 좌절과 분노, 온기와 용기를 기억할 것이다.

이 법은 행정원*의 입장을 대변하는 것이므로 법안을 발의한

* 행정부의 최고 기관으로서 행정원 원장은 총통이 임명하며 한국의 국무총리에 해당하는 지위다.

행정원의 수장으로서 나는 법이 입법원에서 통과될 수 있도록 책임과 의무를 다해야 했다. 하지만 결코 쉬운 일이 아니었다. 특히나 이는 가치 선택, 뿌리 깊고 단단한 후천적인 관념과 관련된 문제라 설득과 소통, 절충의 과정을 피할 수 없었고, 이해와 인내심이 뒤따라야 했다. 법안이 통과되기 전에 나 역시 조마조마한 마음이었음을 인정한다. 그날 많은 의원들이 지지자의 표를 잃을지도 모른다는 위협 속에서도 결국 모든 사람의 평등을 추구하는 쪽을 꿋꿋하게 선택했다.

지금 돌이켜 보면 별일 아닌 것 같지만, 그 당시에는 참혹한 투쟁이었다. 누군가 그날을 회상하면서 표결 버튼을 누를 때마다 자기 몸에 칼을 꽂는 것 같았다고, 유권자들의 표가 뚝뚝 떨어져 나가는 것을 눈 뜨고 지켜보는 듯했다고 말했지만, 이때만큼은 다수의 용감한 사람들이 타이완 사회가 앞으로 크게 한 걸음 내딛는 일에서 결코 물러서지 않았다.

5월 17일 이후에도 생활과 일은 여느 때와 다름없었다. 매일 시급히 해결해야 할 수많은 정무가 있었고, 회의의 연속에다 한 일정이 끝나면 또 다른 일정이 기다렸다. 그러던 어느 날 오랜 친구가 찾아와 개인적인 일로 나와 단둘이 이야기를 나누고 싶다고 했다. 나는 다소 의아해하면서 함께 있던 동료들을 밖으로 물렸다. 널찍한 응접실에 우리 두 사람만 남자, 친구는 조심스럽게 일어나 몸을 깊숙이 숙여 내게 인사를 했다. 몸을 일으켰을 때는 눈시울이 붉어져 있었다. 화들짝 놀란 내게 친구는 자신의 딸이 바로 동성애자이고, 오랜 세월 집안의 아픔이었다고 입을 열었다.

딸이 차별과 괴롭힘을 당할 때마다 안타깝고 마음이 힘들었는데, 드디어 법이 통과되어 동성애자도 정정당당하게 결혼할 수 있게 되었다면서 나의 노고에 감사를 전하고 싶다고 했다.

그 순간 나는 비로소 깊이 깨달았다. 나와 마찬가지로 수많은 사람이 성소수자를 위해 목소리를 내고 그들이 결혼할 수 있도록 힘을 보태며 지키고자 한 것은 자유와 평등에 관한 소박한 생각이었다. 그 누구에게도 다른 사람을 차별할 권리는 없으니까. 하지만 오랜 세월, 차별과 불공평한 대우를 받아온 성소수자와 그 가족에게는 그것은 이념의 싸움이 아니라 하루하루의 생활이자 날마다 온몸으로 느끼는 고통이었다. 사실 이러한 고통은 늘 주위에 있었지만 우리는 전혀 알아채지 못했던 것이다.

삶은 계속 이어지고, 비가 그치면 하늘이 맑게 개어 햇살이 내리비친다. 삶 속의 이 햇살이 우리가 너무 오래 무심히 지나쳐 온 곳을, 너무 오래 그늘져 있던 구석진 곳을 환하게 비추어 그곳에 언제나 온기가 깃들기를 희망한다.

타이완 행정원장
쑤전창蘇貞昌

결혼 평등권의 작은 걸음,
타이완 인권 진보의 큰 걸음

성평등은 세계인권선언의 중요한 목표이자, 타이완 사회 역시 함께 이루려 노력하는 목표이다.

여러 해 동안 성소수자들이 사회에서 맞닥뜨리는 불공평한 대우와 그로 인해 자신의 정체성을 숨길 수밖에 없는 상황을 지켜보면서 나는 늘 안타까웠고 스스로 반성도 많이 했다. 그래서 줄곧 동성 결혼 평등권을 보장하는 것이 타이완 인권이 진일보하는 길임을 주장해왔다.

동성 결혼 법제화가 이루어져야만 사회는 새로운 화합과 발전에 이를 수 있다. 아직 미숙한 타이완이 성숙한 타이완이 되는 것, 시민사회가 더 밝고 더 진보적인 곳이 되는 것, 이것이 바로 우리가 힘껏 추구해야 할 새로운 모습이다. 어떤 사회에서도 동성 결혼이 법제화되었다고 해서 기존의 이성 결혼의 행복과 즐거움이 줄어드는 일은 일어나지 않았다.

2019년 5월 14일부터 5월 17일까지 동성 결혼 입법 추진을 위한 최후의 카운트다운이 시작되자 우리는 긴장과 기대, 흥분에 사로잡혔다. 입법원의 쑤자취안蘇嘉全 원장이 여야 협상을 주도하는 가운데 서로 다른 세 가지 버전의 법안에 관한 변론이 이루어진 뒤 매 조항이 논의를 거쳐 통과되던 긴박한 순간, 나 또한 칭다오둥로青島東路에 수만 군중과 함께 앉아 있었다. 입법원 옆의 작은 길에는 수천수백의 무지개 깃발이 펄럭였고 점점 더 많은 시민이 뜨거운 열정을 드러내며 몰려들었다. 사방팔방에서 쏟아져 들어오는 열혈 시민들을 보면서, 땀을 비 오듯 흘리는 자원봉사자들을 보면서, 광장의 스크린을 통해 끊임없이 전달되는 협상 진행 상황을 보면서 나는 이것이 역사적인 순간임을 알아챘다.

현장에서는 박수소리와 노랫소리, 응원의 함성이 끊이지 않았다! 나는 배우고 진보하는 타이완 사회에 깊은 감동과 긍지를 느낀다. 타이완의 시민과 여론이 변론하고, 사유하고, 다시 변론하고, 다시 사유하며 이러한 성과를 일구어낸 것이 자랑스럽다.

결점이 없는 사회는 없다. 여전히 노력해서 바로잡아야 할 과제가 산적해 있다. 정치와 경제, 법률에도 개선해야 할 점이 많다. 외국인 노동자, 독거노인, 빈곤층, 아동 학대, 비정규직, 유기 동물 등의 의제에는 여전히 햇빛이 닿지 않는 구석이 많다.

우리는 동성 결혼 법제화를 시작으로 이미 용감한 한 걸음을 내디뎠다. 가정과 사회에서 법적으로 보장된 성평등을 실현할 수 있게 되었다. 이는 중요한 한 걸음이다. 2019년의 역사적인 순간을 잊지 않도록 증거를 남기기 위해 다시 한번 더, 결혼 평등권의 작은 걸음이 타이완 인권 진보의 큰 걸음임을 말하고자 한다. 우리는 자신을 위해, 타이완을 위해 기대할 만한 내일을 얻었다.

페가트론 코퍼레이션 회장

퉁쯔셴童子賢

희망을 가져다준 운동

역경과 불확실성 속에서 결혼 평등권을 향해 나아간 타이완의 여정은 성소수자 단체와 그 가족들의 인권을 위해 일하는 전 세계 사람들에게 희망을 가져다주었다. 이 고무적인 운동은 사회 대중의 지지를 얻고, 입법에 도전하며, 국민투표를 통해 공동체의 권익을 지키고자 했을 뿐 아니라 타이완 정치인들의 정서적이고 이성적인 공감까지 이끌어냈다.

타이완이 맞닥뜨린 도전은 호주, 미국의 상황과 비슷했다. 호주와 미국 두 나라는 타이완의 걸출한 성소수자 인권 활동가들을 지지하고 격려하여 타이완이 새로운 지평을 열어젖히고 아시아에서 최초로 결혼 평등권을 실현할 수 있도록 함께한 것을 매우 영광으로 생각한다.

동성 결혼 입법이 타이완에서 정식으로 시행된 날(2019년 5월 24일)은 기쁜 마음으로 축하해야 할 날이다. 이날을 맞이하기까지 흔들림 없이 헌신한 활동가와 자원봉사자들은 지난 수년간 감정이 들끓고 정신적으로 소모되는 성공과 실패를 무수히 겪어야 했다. 하지만 이제 그들은 자신의 성공 경험을 공유하며 미래의 활동가에게 도움을 줄 수 있게 되었다.

우리는 많은 나라에서 누구나 결혼의 자유를 보장받을 수 있도록 최선의 노력을 기울여야 한다. 타이완과 아시아를 비롯해 세계 다른 지역의 구석구석은 여전히 많은 도전에 직면해 있다. 이 운동의 승리는 다른 나라들이 주춧돌을 세우는 데 도움이 될 것이며, 또한 성소수자가 가정과 직장, 종교, 공동체와 국가에 속하는 구성원으로서 법적 평등과 공평한 대우를 받아 마땅함을 한 번 더 선언하는 일이 될 것이다.

개인적으로 나는 타이완의 결혼평등권운동이 호주 및 전 세계의 지지자들과 협력한 것에 감사드린다. 우리는 타이완의 여정에서 많은 것을 배웠다. 타이완은 앞으로도 우리가 더 많은 목표를 성취하도록 계속해서 우리를 격려할 것이며, 세계 곳곳에서 공정과 평등을 제창하는 활동가들에게 도움을 줄 것이라 믿는다.

호주결혼평등권협회 이사장,

호주 뉴사우스웨일스주의회 시드니시 의원

알렉스 그리니치Alex Greenwich

사랑은 타이완에서 어떻게 이겼는가

2017년 5월, 타이완 사법원은 헌법 해석의 결과 결혼의 자유를 인정했다. 이 일은 사법원에서 시작해 국민투표를 거쳐 다시 입법원으로 돌아온, 평등을 위한 성소수자들의 길고도 파란만장한 싸움의 서막을 열었다. 이 2년의 시간은 동성애에 반대하는 보수단체가 결혼 평등권 쟁취를 방해하기에 충분한 시간이기도 했다.

결혼평등권빅플랫폼은 분명히 알았다. 타이완이 아시아 최초로 결혼의 자유를 획득하는 국가가 되려면 정책 결정자를 동원하고, 동성 연인들의 이야기를 타이완 대중의 눈앞에 펼쳐놓는 등 탄탄한 전국적 운동을 일으켜야 한다는 것을 말이다. 이 깨달음은 우리(미국의 결혼 평등권 추진 단체 '결혼의 자유Freedom to marry')가 몇 세대에 걸친 지난한 몸부림 끝에 배운 교훈을 반영한 것이다. 그 교훈이란 이러한 종류의 공포를 달래는 가장 좋은 방법은 결혼을 갈망하는 동성 연인과 그 친구들이 서로를 지지하는 이야기를 통해 호소해야 한다는 것이다.

반대 단체에서 결혼 평등권을 국민투표에 부쳤을 때 우리는 가정의 존엄이 그런 방식으로 결정되어서는 안 된다고 믿었지만, 국민투표를 밀어붙인 상대측은 의도치 않게 타이완 역사상 가장 큰 규모로 성소수자에 관해 대화할 수 있는 장을 열어젖힌 셈이었다. 그 덕분에 활동가들은 타이완 가정의 실제 이야기와 지역의 가치에 기반을 둔 대규모 풀뿌리운동을 구축할 수 있었다. 결혼평등권빅플랫폼은 전 세계가 목도한 가장 인상 깊은 대규모 결혼평등권운동으로 자리 잡았다.

빅플랫폼은 도처에서 결혼 평등권을 지지하는 타이완 대중의 목소리를 찾았다. 아흔 살의 할머니(와 아버지)가 레즈비언 손녀(딸)의 지지자로 돌아서는 여정부터 함께한 지 이미 30년이 넘은 게이 커플에 이르기까지 구체적인 사례가 각종 매체를 통해 타이완 전역에 널리 전파되었다. 이러한 이야기들은 모든 타이완 사람에게 결혼 평등권이 단지 성소수자와 관련된 것만이 아니라 그들이 소중히 여기는 가치에 부응하는 것임을 분명히 알렸다.

2019년 5월, 타이완은 아시아 최초로 결혼의 자유를 쟁취하여 전 세계의 환호를 불러일으켰다. 이 승리가 일상생활에 지속적으로 녹아들면서 현재 타이완 대중의 60퍼센트가 결혼 평등권을 지지한다. 이러한 사실이 증명하듯이 우리가 격렬한 언사와 위협적인 전략을 버리고 결혼한 동성 커플의 실제 삶을 보여줄 때, 사람들은 동성 결혼이 자신의 삶에 나쁜 영향을 미치기는커녕 오히려 나라를 더욱 강대하게 만든다는 사실을 이해할 수 있다.

향후 몇 년 동안 우리는 타이완의 역사적 승리가 아시아의 성소수자운동에, 또한 마침내 친구와 가족 앞에 설 수 있게 된 동성 커플의 삶에 미치는 장기적인 영향을 확인할 수 있으리라.

'결혼의 자유'의 에번 울프슨Evan Wolfson,
탈리아 제파토스Thalia Zepatos, 캐머런 톨Cameron Tolle

비 온 뒤 맑음

그 기간 동안 우리는 늘 길거리에서 만났다. 대형 집회, 거리 기자 회견, 행진, 야외 농성 같은 중요한 순간들에는 쏟아지는 비도 우리의 결심을 꺾지 못했다.

2016년 12월 10일, 25만 명이 카이다거란대로凱達格蘭大路 앞에 결집했다. 이는 해바라기운동* 이후 최대의 거리 집회였다. "더는 목숨을 잃게 해서는 안 된다. 결혼 평등권을 위해 떨쳐 일어나자" 콘서트에서 연예인 30여 팀이 잇따라 무대에 올랐다. 성소수자 인권 단체의 경비 부족과 경험 부족 탓에 세련되게 화장한 여성 연예인들은 퍼붓는 장대비를 고스란히 맞으며 공연해야 했다. 그럼에도 불구하고 무대 아래 모인 10여만 명의 지지자들은 마지막까지 자리를 뜨지 않았다.

2019년 5월 17일, 입법원 안에서는 마지막 법안 투표가 한창이었고 우리는 빗속에서 동성 결혼 법안의 조항들이 조목조목 표

* 2014년 3월 18일에서 4월 10일까지 타이완의 대학생과 시민 활동가가 양안서비스무역협정에 반대하면서 입법원을 점거한 사건으로 이 운동의 주요 세력은 향후 시대역량時代力量이라는 당을 만들어 현실 정치에 뛰어들었다.

결에 부쳐지는 것을 지켜보았다. 쏟아지는 장대비에 우리의 얼굴에 흘러내리는 것이 눈물인지 빗물인지 분간할 수 없었다. 의사봉을 내리치는 소리와 함께 법안이 확정되던 순간, 하늘에서는 햇빛이 구름을 뚫고 모습을 드러냈고 사람들 머리 위로 무지개가 떠올랐다. 햇살에 빗물과 눈물이 모두 말랐다. 이것이 암흑을 헤치고 광명을 되찾은 느낌이 아니라면 무엇이란 말인가. 우리는 모두 눈물을 그치고 웃음을 지었다. 살아생전에 타이완 사회가 여기까지 오는 것을 두 눈으로 보게 될 줄이야. 도무지 믿기지가 않았다.

2019년 5월 24일을 기점으로 타이완은 아시아에서 최초로 동성 커플이 결혼할 수 있는 나라가 되었고, 지금까지 6000쌍이 넘는 동성 커플이 이 땅에서 결혼하여 국가가 인정하는 합법적 가정을 이루었다. 심지어 해외로 나가 보조생식기술의 도움으로 아이를 가진 이들도 적잖다. 이 사회에서 인간과 인간의 상호 작용과 결합은 거대한 유기체와 같다. 이제 동성 커플이 이 나라에서 합법적인 결혼 제도 속 일원이 되었으니 수많은 서로 다른 이야기가 곳곳에서 탄생할 것이고, 여러 공동체가 변화를 맞이할 것이다. 우리의 다음 세대는 평등권과 더 다양한 이야기를 가슴에 새기는 미래를 맞이하리라. 이런 이유로 우리는 언젠가 이 모든 것이 당연해지기 전에 불가능하게만 보였던 변화를 하나하나 기록하고자 한다.

이는 수많은 사람이 십시일반으로 힘을 모아야만 실현할 수 있는 운동이다. 타이완 사회와 성소수자 단체가 30년 동안 겪어온 우여곡절과 도전은 결코 한두 마디 말로 표현할 수 없다. 이 책은 빅플랫폼의 입장에서 2016년부터 2019년까지 3년 남짓 겪은 소소한 순간들을 사진과 글을 통해 미약하게나마 기록하려는 시도이다. 3년 남짓은 결코 짧은 시간이 아니다. 지면에 비해 담아야 할 마음은 크고, 해야 할 이야기는 너무 많거나 온전하지 못하다. 단지 우리가 함께했던 노력을, 전무후무하며 잊을 수 없는 역사로 기록할 수 있기를 바랄 뿐이다.

사진과 이야기로 엮은 이 책을 결혼평등권운동을 위해 헌신한 모든 사람에게 바친다. 타이완에 있는 여러분뿐만 아니라 세계 각지의 수많은 동료에게도 바친다. 지금의 우리만이 아니라 과거의 우리가 했던 노력, 흘렸던 땀방울과 피눈물에도 이 책을 바친다. 이 기회를 빌려 빅플랫폼을 응원해준 분들, 과거와 현재에 빅플랫폼 활동에 동참한 모든 동료에게 감사를 전한다. 우리는 활동가로서 의지와 체력의 한계에 도전했고, 사람 간 혹은 단체 간 협력의 한계에 도전했으며, 자기중심적인 생각을 내려놓고 더불어 나아가는 법을 배웠고, 하나의 목표를 위해 함께 앞으로 나아가는 법을 모색했다. 이 모든 과정이 전혀 아름답지 않다 할지라도 우리 인생에서 중요한 배움의 과정이었음을 믿어 의심치 않는다.

평등권을 위한 앞으로의 여정 또한 여전히 좌충우돌할 테지만, 뭇사람의 힘을 모으면 변화는 반드시 일어날 것이다!

무지개평등권빅플랫폼 집행위원장

뤼신제呂欣潔

차례

3부 긴급회의 여섯 장면

2016년에서 2019년까지

|

3년 남짓한 시간 동안

눈물과 웃음,

|

사랑이 넘실대는 과정을 '당신'과 함께 걸어왔기에

|

우리는 비 온 뒤 맑게 갠 하늘에 뜬 무지개를

함께 볼 수 있는 기회를 얻었다.

타이완
동성 결혼
법제화의 여정

1부

2016년 11월, '결혼평등권빅플랫폼'이 탄생한다. 타이완 성소수자 상담핫라인협회, 타이완 성소수자 가족권익촉진회, 여성자각재단, 타이완 성소수자 인권법안로비연맹, GagaOOLala 성소수자 동영상 플랫폼 등이 모여 결성한 단체로, 공동으로 의사 결정을 하고 동성 결혼 법제화 추진을 목표로 하며 성소수자들의 사랑 이야기를 널리 알린다.

2020년, '결혼평등권빅플랫폼'이라는 이름을 '무지개평등권빅플랫폼'으로 바꾸고 '동성애와 이성애가 공생하는' 역사를 창출하는 일에 계속해서 힘을 쏟는다.

성소수자도 결혼할 수 있게 되었다. 하지만 평등한 사랑을 위해서는 아직 실천해야 할 일이 많다. '가정'이 더 자유로운 방식으로 성장할 수 있도록, 동성애가 더는 차별받는 사랑이 되지 않도록, '동성애에 우호적인 일상'이 만들어지도록 우리는 정치 참여와 사회 교육, 국제 협력 등의 행동과 프로젝트를 통해 성 정체성이나 성적 지향으로 인한 각종 불평등을 해소하고, 다양성이 살아 숨 쉬는 타이완을 향해 나아가고자 한다.

2016년 유메이눠 의원실과 함께 민법 개정 초안을 논의하고 공동으로 발의한다.

결혼평등권빅플랫폼의 시작

|

2017년 5월 24일 헌법 해석이 나온 후 입법원에 대한 로비를 이어가면서 민간에서 전국적인 시민 강좌와 전시회를 개최한다.

|

2018년 성소수자 반대 단체의 총동원과 동성애 관련 국민투표안 발의에 맞서 '2개 안 찬성, 3개 안 반대'라는 캠페인을 벌이며 자원봉사자 1만 명을 모집하고, 중위 투표자median voter*인 중장년층과 소통하기 위해 신문과 잡지, 버스에 광고를 게재할 1000만 타이완 달러를 모금한다. 더불어 대화 방법을 훈련한 자원봉사자를 전국에 배치하여 시민과 소통을 진행한다.

|

2019년 국민투표가 끝난 뒤 동성 결혼 입법을 위한 정치 로비 활동을 지속하면서 대규모 집회 역시 쉬지 않고 연다. 5월 24일 동성 결혼이 가능해진다.

마침내! 우리는 결혼할 수 있게 되었다!

|

2020년 '무지개평등권빅플랫폼'으로 명칭을 바꾼다. 동성 결혼 법제화 이후 다른 권익의 증진을 위해 정치 참여 훈련 캠프를 열어 더 많은 성소수자가 정치에 참여하도록 독려한다.

|

2021년 이어서 공동 입양, 보조생식기술, 국제결혼 등에 관한 법안을 추진한다. 코로나19의 기승으로 동성 결혼 2주년 기념행사를 온라인으로 열고, 대학생 의제 발의 캠프를 개최한다.

일궈내야 할 더 많은 목표가 여전히 우리를 기다리고 있다!

* 모든 투표자를 일정한 기준에 따라 나열했을 때 중간에 위치하는 투표자.

우리와 함께한 의미 있는 숫자

☞ 우리가 마신 1만 5000잔이 넘는 커피

15000

☞ 702차례의 회의

702

☞ 가장 자주 주고받았던 질문: "점심 뭐 먹을 거야?"(오후 2시에 묻는다……)

☞ 우리가 제작한 4809개의 무지개 깃발과 약 180만 개의 전단지

4809 1800000

☞ 우리가 디자인했던 옷, 스티커, 배지, 소풍 돗자리, 깃발, 베갯잇, 컵 홀더, 팔찌, 귀걸이, 수첩, 우편엽서, 마스크 세트, 양말, 조끼, 수건, 장식품, 아이패스iPASS(교통카드), 맥주, 감사 카드 등 무지개 일상용품

☞ 동료들과 입버릇처럼 주고받았던 세 가지 말: "OMG, 잘못 말했어!", "완전 어이없어!", "말 좀 제대로 해!"

☞ 우리가 개최한 8번의 초대형 집회,
다 같이 입법원 앞에 모여 기다린 5번의 결과

8 5

☞ 3차례 카이다거란대로에서 깃발을 흔들며 외친 구호,
자신이 믿는 가치를 위해 거리로 나선 55만 9000명의 사람들

3 559000

☞ 행사 때마다 거의 매번 더위를 먹은 동료가 나옴……

☞ 집회에서 만난 온갖 동물들: 수많은 개, 새, 뱀, 도마뱀, 고양이, 거북이……

☞ 대규모 동원 때 흔히 들었던 말:
"동성애자더러 이렇게 일찍 일어나라고!?"

☞ 가장 늦은 퇴근 시간: 새벽 3시

3

☞ 가장 빠른 출근 시간:
밤 12시에 행사장 진입

12

☞ 96편의 보도 자료와 성명서

96

☞ 43차례의 기자 회견

43

☞ 평균 한 달에
1번 이상 기자 회견

1

☞ 평균 한 달에 2~3편의 보도 자료와
성명서를 발표해 사회를 향해 목소리를 높임

2~3

☞ 2325명의 자원봉사자 동료가 조직 업무에 참여해
강력한 오프라인 커뮤니티 구축

2325

☞ 2018년 국민투표의 해에 온라인으로
1만 2657명의 '백만행복첨병'을 모집하여
강력한 온라인 커뮤니티 형성

12657

☞ 65명의 국회의원을 찾아가
동성애자에게 우호적인
한 표를 행사해달라고 설득

65

☞ 찾아가거나 전화를 걸었던
105곳의
국회의원 사무실

105

☞ 55명의 기업가에게 전화를 걸어
후원과 지원을 요청

55

☞ 성소수자의 인생 이야기를 다룬 7차례의 전시회를 열어 타이베이와 타오위안桃園, 타이난台南, 가오슝高雄은 물론 뉴욕까지 날아가 더 많은 사람들의 마음에 진실한 삶의 이야기가 스며들게 함

7

☞ 대기업을 비롯해 서점과 카페, 예식업계 등 성소수자에게 우호적인 908곳의 기업을 초청해 평등과 사랑이 넘치는 사회 환경 조성

908

☞ 677회의 강좌, 설명회, 협력 강좌, 포럼, 강연 등을 개최하여 성소수자 단체가 빠르게 변하는 결혼평등권운동의 다음 행보에 발맞출 수 있게 함

677

☞ 30차례의 훈련 워크숍을 개최하여 실행의 측면에서 더 많은 실전 매뉴얼을 공유하고, 그 밖에 더 많은 뜻있는 인사가 이 길고 긴 운동의 여정에 참여하기를 희망함

30

☞ 타이완의 현 상황을 국제 수준으로 끌어올릴 수 있기를 바라며 미국, 영국, 일본, 뉴질랜드, 홍콩, 한국, 벨기에, 캐나다, 중국, 호주, 태국, 캄보디아, 필리핀, 베트남, 체코, 폴란드, 레바논, 남아프리카 등 18개의 국가와 100회가 넘는 국제 교류 진행

18

우리가 디자인한 홍보 포스터

等不到
來不及
終止遺憾
拒絕等待
關心政治
從關心長輩開始！
你了解公投內容嗎？
對 反同公投 投 不同意票
路人心聲挖～挖～哇
相挺為平權
全民撐同志
終止遺憾
性別 廢除惡法
性福就是人權
我是 我支持
婚姻平權修民法
2017 有愛一同
婚姻平權大平台
彩虹政治零距離
許 我們 一個 未來。
政～治到了
拒絕等待
力量 集體展現
我們就是力量
一起行動，
平權正在發生！
結合 ≠ 結婚
不要一國兩制
即刻修法
婚姻平權大平台
10 不
11 同
12 意
14 同
15 意
11/24
兩好三壞
投出幸福未來
5/14
立院協商
5/17
最後表決
支持修民法
讓人人都能以愛成家
2017 有愛一同
三個不同意
讓幸福OK
我有hen多
同志朋友
啊然後呢？
性別公民
站出來
爸爸媽媽
一起來
蘇內閣團隊
提出
同婚專法草案啦
18學子
站出來
兩好三壞
投出幸福未來
婚姻平權大平台
10 不
11 同
12 意
14 同
15 意
11/24
彩虹政治零距離
是婚姻，才合憲
平等對待 其餘免談！
支持
呦呼！
彩虹公民集合囉
我們與配偶的距離
讓地方政治更友善！
讓 524 個祝福
拆散
牛郎和織女
還不夠嗎？
＃不同意
＃不同意
想生小孩
哇！酸甜苦辣的
故事整理魔法
彩虹公民系列課
同志可以結婚了，
還有什麼事能做？
誰是收養人

20

16

사랑 앞에서 모든 사람은 평등합니다.

저는 차이잉원이고 결혼 평등권을 지지합니다.

모든 사람이 자유롭게 사랑하고 행복을 추구할 수 있도록 하겠습니다.

——2016년 10월 31일 차이잉원

2006년 샤오메이친蕭美琴 의원이 발의한 동성결혼법과 2014년 정리쥔鄭麗君 의원이 유메이뉘 의원 등과 공동 발의한 민법 개정안은 결실을 맺지 못했다. 이를 이어받아 2016년 유메이뉘 의원은 결혼평등권빅플랫폼과 공동으로 결혼 평등권에 관한 민법 개정 초안을 발의했다. 같은 해 12월 3일, 동성애 반대 단체는 카이다거란대로에서 대규모로 결집하고, 그들이 퍼트리는 가짜 뉴스와 유언비어가 성소수자 단체의 감정을 자극했다. 이에 빅플랫폼은 사기 진작을 위해 비상 동원령을 내리고 거리로 나와 성소수자들이 결코 지지 않을 것임을 사회에 보여주었다. 세계 인권의 날인 12월 10일에 "더는 목숨을 잃게 해서는 안 된다. 결혼 평등권을 위해 떨쳐 일어나자" 콘서트를 열었다. 그날 25만 명이 카이다거란대로에 운집하여 타이완 시민사회의 힘을 보여주었다.

하지만 성소수자권리운동은 그에 앞서 이미 30년 동안 때를 기다리며 성장하고 있었다. 2012년, 당시 민주진보당民主進步黨(민진당)의 대표였던 차이잉원은 타이완 반려자 권익추진연맹이 제안한 결혼 평등권과 다양한 가족 구성을 보장하는 법안의 지지를 표명했다. 하지만 이어지는 4년 동안 타이완의 성소수자권리운동은 부단히 위험을 무릅쓰고 전진해야 했다.

2013년 해외에서는 프랑스 의회가 동성 결혼과 입양에 관한 법률 「344 법안」을 통과시키지만, 타이완 언론은 '성소수자 알기' 수첩 중 성평등 교육에 대해 대중이 느낀 혼란만을 보도한다. 그 바람에 '성평등 교육의 학교 진입'에 제동이 걸린다. 2014년 유메이뉘 의원과 정리쥔 의원이 발의한 동성 결혼 법안이 일독一讀*을 통과하지만 당시 많은 국회의원이 심의를 기피하는 바람에 결실을 맺지 못한다.

2015년 가오슝시와 타이베이시, 타이중台中시에서 우선 동

* 법안 발의는 행정원, 사법원, 고시원, 감찰원, 국회의원 및 입법원 조직 법규에 부합하는 정당이 할 수 있다. 발의된 법안이 공포되기까지는 다음과 같은 과정을 거친다. 절차위원회 심의 → 의회 제1독회(일독) → 관련 위원회 심의 → 의회 제2독회(이독) → 의회 제3독회(삼독) → 입법원의 청탁으로 총통이 공포하고 행정원으로 송부. 법안에 대한 심층적 논의, 수정, 재심의나 폐지, 철회 등의 결정은 주로 이독에서 이루어지고, 삼독에서는 법안이 헌법에 위배되거나 다른 법률에 저촉되지 않는 한 문장 수정에 그친다. 사안에 따라 관련 위원회의 심의를 거치지 않고 바로 이독을 진행하기도 하고, 이독 자리에서 삼독을 진행하기도 한다.

성 커플의 세대 등록을 허용한다. 이로써 등록한 커플은 수술 동의서에 서명할 수 있게 되었지만, 법 개정이 이루어지지 않아 그 실행 여부는 의료 기관의 협조에 달려 있는 셈이었다. 일찍이 1986년에 타이베이 지방법원 공증처公證處에 동성 결혼 공증을 청구한 치자웨이가 2015년에 다시 한번 더 정식으로 사법원에 동성 결혼에 대한 헌법 해석을 청원한다.* 같은 시기에 레즈비언 커플 세 쌍도 타이베이시 호적관리사무소에 혼인신고를 하려다 거절당한 일이 있었는데, 이에 대해 타이베이 시정부 역시 헌법 해석을 신청한다.

2016년 10월 16일, 35년 동안 반려인과 동거하며 사랑을 키워온 비안성 교수가 연인 쩡징차오가 죽은 뒤 뒤따라 생을 마감하는 선택을 하면서 동성 커플의 권익이 법적으로 보장받지 못한다는 사실이 다시 사회적 화두로 떠오른다. 같은 달 성소수자 프라이드 퍼레이드에 8만 명이 거리로 나선다. 11월에 입법원은 결혼 평등권을 보장하는 민법 개정안을 일독에서 통과시킨다. 이에 성소수자들에 반대하는 이들의 목소리 역시 거세게 일어난다. '가족 지킴이'라는 이름을 단 각종 단체들이 들고 일어나 '가정 수호'라는 감정적 호소문을 발표하고, 동성애 혐오 정보를 마구잡이로 퍼트린다. 결혼 평등권 관련 공청회에

* 타이완에서는 헌법 해석 등 한국의 헌법재판소가 하는 역할을 사법원의 대법관들이 담당한다.

서는 성소수자들의 마음에 상처를 입히는 온갖 발언이 난무한다. 당시는 시에치다謝啟大 전 의원이 "동성애는 바퀴벌레와 같아서 계속해서 증식할 것이다"라고 말하던 시대였다. 심지어 스신世新대학교 법과대학의 우위쭝吳煜宗 학장도 "동성 커플에게 입양을 허용하는 것은 나치의 인체실험을 허용하는 것과 같다"라고 말하는 등 편견과 차별 발언이 기승을 부렸다.

하지만 우리는 야만의 시대 한가운데서 떨쳐 일어나 전진했다. 그 두 달 동안 수시로 대규모 집회를 열었다. 페이스북 페이지를 통해 소집령이 내려지면, 사람들은 소식을 전해 듣는 즉시 일제히 휴가를 내고 거리로 쏟아져 나왔다. 12월 10일 결혼평등권빅플랫폼은 카이다거란대로에서 "더는 목숨을 잃게 해서는 안 된다. 결혼 평등권을 위해 떨쳐 일어나자" 콘서트를 열었다. 이 콘서트에는 25만 명의 사람이 운집해 민의를 드러냈고, 30팀이 넘는 연예인이 자발적으로 무료 공연을 펼치며 지지를 표명했다. 그날 밤 예융즈葉永鋕*, 린칭후이林青慧**, 스지야石濟雅, 비안성 등 사회적 통념에서 벗어난 기질과 성적 지향으로 인해 상처받고 희생된 사람들의 이름이 총통부*** 건물의 붉은 벽돌에 레이저로 새겨졌다. 사랑이라는 이름으로. 사람들은 그 이름을 올려다보면서 죽어간 이들을 위해 눈물을 흘렸다.

그해에 성소수자들은 연대의 힘 덕분에 "바퀴벌레처럼 증식할 것이다" 같은 헛소리에 상처받지 않고, 가수 자오안푸焦

安溥가 공청회에서 인용한 미국 연방대법원의 말을 되새겼다. "법으로 사람들의 편견을 바꾸기는 쉽지 않지만, 법은 편견에 봉사해서는 안 됩니다." 또한 이미 동성 가정을 꾸린 지에더 미디어杰德影音, Portico Media의 설립자 린즈제林志傑가 한 말을 떠올렸다. "우리가 원하는 것은 매우 단순하다. 법의 보장 아래 반려자, 아이와 함께 살고 싶다."

#더는_목숨을_잃게_해서는_안_된다

#결혼_평등권을_위해_떨쳐_일어나자

* 일명 장미 소년이라고 불린다. 핑둥屛東현 가오수高樹중학교에 다니던 3학년 예융즈는 '여자아이 같다, 유약하다'라며 친구들에게 따돌림과 괴롭힘을 당한다. 쉬는 시간에 화장실에 갈 엄두조차 내지 못하던 그는 2000년 4월 20일 수업 시간에 교사의 허락을 받고 화장실에 갔다가 중상을 입고 피를 흘리며 쓰러진 채 발견된다. 즉시 병원으로 옮기지만 손쓸 시간 없이 사망한다. 이 사건을 계기로 타이완에서는 성교육에 관한 논의가 본격적으로 시작되었으며, 2004년 「양성평등교육법兩性平等教育法」이 「성평등교육법性別平等教育法」으로 개정된다. 이후 예융즈의 이야기는 교과서에 실리고, 가수 차이이린蔡依林이 〈장미 소년〉이라는 노래로 만들어 부르기도 했다. 장미ROSE는 Respectfulness(존중), Optimism(긍정), Sympathy(공감), Equality(평등)의 앞글자를 따온 것이다.

** 린칭후이와 스지야는 1994년 타이완 이란宜蘭현의 한 여관에서 함께 자살한 17세의 여학생들이다. 자살의 이유는 명확히 밝혀지지 않았지만 현장에서 발견된 유서에는 "너를 향한 내 사랑은 깊고 이 사회는 그것을 받아들이지 않는다"라는 내용이 담겨 있었다.

*** 총통을 보좌하는 정부 기관이다.

2016

3

민진당 유메이뉘 국회의원은 몇몇 여성 단체와 성소수자 단체, 법조계 인사들과 공동으로 '동성 결혼을 위한 법 개정 위원회'를 꾸려 정기적으로 민법의 개정 방향과 그 내용을 논의한다.

5.17

유 의원의 사무실에서 마련한 '동성 결혼 자녀 입양 과제 간담회'에 성소수자 단체를 초청하여 내부 좌담을 진행한다.

8

동성 결혼 법안 초안이 완성되자 성소수자 단체와 여성 단체, 유 의원 사무실은 공동으로 가오슝, 타이난, 타이중, 타오위안 등지의 관련 단체를 돌며 의견을 구한다.

10.16

비안성 선생님의 죽음으로 성소수자 반려자의 권익에 관한 의제가 사회적 화두로 떠오른다.

10.24

성소수자 단체와 여성 단체, 그리고 유 의원이 협력하여 만든 '민법 친족편 수정 초안民法親屬編修正草案'에 관한 기자 회견을 열어 초안 발의를 선언한다. 같은 날 시대역량당에서도 별도의 '민법 친족편 수정 초안'을 내놓는다.

10.25

국민당의 쉬위런許毓仁 국회의원 역시 '민법 친족편 수정 초안'을 내놓는다.

10.26

성소수자 단체와 여성 단체가 "성소수자 가정은 더 이상 기다릴 수 없다. 결혼 평등권은 전면적이어야 한다"라는 공동 기자 회견을 개최한다.

11.7

성소수자 자녀를 둔 부모들이 "부모들의 우려, 우리 아이들이 가정을 이루지 못하게 해서는 안 된다"라는 공동 기자 회견을 연다.

11.8

유 의원과 쉬 의원이 각각 발의한 '민법 친족편 수정 초안'이 일제히 일독을 통과한다.

11.10

빅플랫폼은 "이성애자 부모도 결혼 평등권을 지지한다. 사랑은 평등하며 성별을 가리지 않는다"라는 제목의 공동 기자회견을 연다.

11.11

시대역량당이 발의한 '민법 친족편 수정 초안'이 일독을 통과한다.

11.17

사법 및 법제위원회의 소집위원*에 임명된 유메이뉘 국회의원이 '민법 친족편 수정안'을 심의하기 위한 위원회를 소집한다. 동성애에 반대하는 보수 단체들이 지난로濟南路에 결집하여 법 개정에 반대하는 시위를 벌이자 사법 및 법제위원회는 공청회를 두 차례 열기로 의결한다.

11.24

제9회 입법원 사법 및 법제위원회가 1차 결혼 평등권 공청회를 연다.

* 한국의 법제사법위원회 위원장과 유사하다.

2016

11.28

“평등권을 적극 지지한다. 전 국민이 성소수자를 지지한다.”

타이완 결혼 평등권 법 개정을 위한 2차 공청회

칭다오둥로에서

2016년 겨울, 결혼 평등권 의제가 사회적 화두로 떠오르자 ‘민법을 개정하자’는 쪽과 ‘특별법을 만들자’는 쪽으로 갈라져 갑론을박이 일어난다. 11월 28일, 입법원의 사법 및 법제위원회에서는 결혼 평등권을 위한 법 개정을 둘러싸고 두 차례 공청회를 연다. 각계의 사람들이 모두 현장에 나와 발언한다. 한편 입법원 바깥에서는 민법 개정을 지지하는 수만 명의 대중이 특별법 제정에 강력히 반대하는 시위를 벌인다. 이날 공청회에서 가수 자오안푸는 부드러우면서도 단호한 목소리로, 영원히 잊지 못할 미국 연방대법원의 판결 내용을 인용한다. “법으로 사람들의 편견을 바꾸기는 쉽지 않지만, 법은 편견에 봉사해서는 안 됩니다. 사람들의 편견이 법으로 인해 직간접적으로 힘을 얻어서는 더욱이나 안 됩니다.”

12.3

'법률백화문운동'과 '무지개버스전선'에서 온라인 모금운동을 벌인다. 전자는 4대 신문에 "법은 편견에 봉사해서는 안 된다. 사랑에 평등한 권리를 주자"라는 광고를 게재하고, 후자는 전세 버스를 대절해 12월 10일 타이베이에서 열린 콘서트에 참여한다.

12.5

법안의 발의와 로비를 위한 자금을 마련하기 위해 '전 국민 동성 결혼 찬성을 위한 자금 모집 중!'이라는 대중 모금운동을 벌여 사흘 만에 1000만 타이완 달러를 모은다.

12.10

"더는 목숨을 잃게 해서는 안 된다. 결혼 평등권을 위해 떨쳐 일어나자" 콘서트

카이다거란대로에서

2016년 세계 인권의 날, 우리는 카이다거란대로로 뛰쳐나와 자신과 곁에 있는 사람을 위해 목소리를 낸다. 바로 그 전주에 동성애 반대 단체가 같은 장소에 결집해 시위를 벌이며 "결혼과 가정은 전 국민이 결정하자"라고 목소리를 높이는 등 차별적인 구호로 성소수자들의 마음을 칼로 도려냈다. 그다음 주에 25만 명이 넘는 사람이 같은 장소에 모여 "더는 목숨을 잃게 해서는 안 된다. 결혼 평등권을 위해 떨쳐 일어나자" 콘서트에 호응하면서, 낮부터 밤까지 "SEE MY RIGHTS NOW!"라고 적힌 깃발을 흔들며 평등권을 위해 목소리를 높인다. 이날 천산니陳珊妮, 허윈스何韻詩, 다이아이링戴愛玲, HUSH 등 30여 팀의 뮤지션이 연달아 무대에 오른다. 장후이메이張惠妹, 차이이린, 샤오야쉬안蕭亞軒 등의 유명 스타도 영상을 통해 지지의 뜻을 밝힌다. 따뜻한 노랫소리가 카이다거란대로를 감싸고, 그 아래에 무수한 무지개 깃발이 너울거린다. 웃고 울던 이날 밤, 우리는 서로 함께 있어 외롭지 않다는 것을 알게 된다.

2016

12.26

"결혼 평등권 쟁취를 위해 사랑으로 입법원을 수호하자."

제9회 입법원 사법 및 법제위원회의 두 번째 결혼 평등권 법안 심의 지난로에서

오늘은 어떻게 해서든 위원회에서 '결혼 평등권'을 통과시키자.

입법원은 공청회를 열어 찬반 양측의 의견을 들은 뒤 그해 12월 26일, 처음으로 결혼 평등권 법안을 조목조목 심의한다. 장외에서는 찬반 양측 진영이 각자 자리를 잡고 요구 사항을 소리 높여 외치며 입법원의 심의 결과에 촉각을 곤두세운다. 장내에서는 격렬한 언사가 오가고 장외에서는 대립이 고조되는 가운데 여야는 공감대를 이루어 각계의 의견을 아우르면서 사회에서 충분히 받아들일 수 있는 초당超黨적 내용의 법안을 통과시킨다. 동성 결혼을 추가한 민법 개정 초안이 타이완에서 처음으로 위원회를 통과한 것이다. 이 소식을 듣는 순간, 성소수자 단체들은 오랫동안 응답받지 못하던 미약한 소망에 마침내 한 줄기 빛이 비추는 듯해 감개무량했다.

나는 특별법이 아닌 진정한 평등권을 원한다.

인권은 할인할 수 없다.
평등권은 특별법을 원하지 않는다.

평등권은 정치적 약속이다.
차이잉원은 나와서 말하라.

민진당은 나와서 말하라.
가족수호연맹이 되지 말라.

☀ 2016년 11월 17일, 입법원의 사법 및 법제위원회가 처음으로 민법 개정안을 심의하자 반대 단체는 4대 신문에 광고를 게재해 사람을 모으고, 아침 일찍부터 모여 항의하고 욕설을 내뱉으며 벽을 기어오르거나 협박을 하는 등 온갖 일을 벌였다. 그 난리 통에 심의는 결국 무산되고, 우리는 거리를 지키며 물러서지 않겠다고 다짐했다. 11월 28일 제2차 민법 개정안 공청회 날, 반대 단체가 다시 결집해서 교란을 일으키지 않을까 우려한 우리는 9시가 채 되지 않은 이른 아침에 사람들을 불러 모아 입법원 바깥을 지키고 앉아서 "평등권을 적극 지지한다. 전 국민이 성소수자를 지지한다"라는 이름으로 긴급 거리 집회를 열었다.

반대 단체에서 퍼트린 악의적인 가짜 뉴스에 수많은 젊은 성소수자가 심리적 부담을 느낀다. 2016년 12월 10일, 지지자들의 힘을 정부와 사회에 보여주기 위해 불과 3주 만에 "더는 목숨을 잃게 해서는 안 된다. 결혼 평등권을 위해 떨쳐 일어나자" 콘서트를 열자, 타이완 각지에서 25만 명이 넘는 사람들이 카이다거란대로로 쏟아져 나와 지지를 표명했다.

사진 : 워차오沃草

婚姻
平權
Support Marriage Equality in Taiwan

I LOVE YOU

평등권을 쟁취하자.

☀ "더는 목숨을 잃게 해서는 안 된다.
결혼 평등권을 위해 떨쳐 일어나자" 콘서트 현장.

FOUNDATION

2016년 12월 26일, 입법원 앞에서
"결혼 평등권 쟁취를 위해 사랑으로
입법원을 수호하자"라는 집회를 열었다.

☀ 법안의 토론 절차를 지키고자 우리는 집회를 개최했다. 같은 시각 반대 단체 역시 중산난로中山南路에서 집회를 열었다. 이에 경찰은 양측의 충돌을 막기 위해 경계를 강화했고, 지지자들 가운데 건장한 사람들이 자발적으로 '평등권 방위대'를 조직하여 양쪽 교차로에 서서 사람들을 보호했다.

평등권을 적극 지지한다.
전 국민이 성소수자를 지지한다.

☀ 2016년 12월 26일, 타이완 사상 최초로 결혼 평등권 법안을 두고 위원회가 실제로 심의를 진행한다. 소속 당을 떠나 법안을 지지하는 국회의원들은 일주일 동안 자지도, 쉬지도 못한 채 이견을 내려놓고 모처럼 공감대를 이루었다.

☀ 많은 사람이 집회 현장에
직접 만든 표어를 들고 나왔고,
서로 평등권 스티커를 나누어 가졌다.

민법 개정 지지.
평등은 지금 당장.

아빠, 난 행복할 거예요.

나는 게이의 결혼을 지지한다.
이참에 여자 친구 구함.

민법 972조를 개정하여
결혼 평등권을 실현하자.
가장 중요한 순간이다.
성소수자들 화이팅!

차별 대우를 거부한다.
차별적 성격의 특별법에 반대한다.

게이 결혼을 법제화하라.

민법 개정 지지.
평등은 지금 당장.

20

17

2017년 한 해 동안 사람들은 성소수자를 만나면 이렇게 말하곤 했다.

"타이완, 축하해요."

하지만 활동가들은 결혼 평등을 위한 싸움이 아직 끝나지 않았음을 알고 있었다.

2017년 5월 24일, 사법원은 제748호 해석문을 내놓으며 성소수자들도 마땅히 "결혼 자유의 평등을 보장받아야 한다"라고 선언했다. 이는 30여 년에 걸친 성소수자권리운동뿐만 아니라 다른 사회운동에도 성공적인 본보기가 될 만한 일이었다. 덕분에 타이완은 아시아 성소수자권리운동의 등대로 우뚝 섰다. 최근 몇 년 사이, 아시아 지역에서 성소수자권리운동이 잇따라 강력하게 일어서고 있다. 일본의 성소수자들은 동성 결혼을 배제한 현행법을 겨냥해 연이어 소송을 제기하고, 한국의 성소수자 프라이드 퍼레이드는 갈수록 성황리에 치러지고 있다.

성소수자권리운동을 지지하거나 여기에 참여하는 모든 사람이 상처를 짊어진 채로 앞으로 나아가고자 하는 것은 더 많은 사람이 그 길을 뒤따를 수 있게 하기 위해서다.

헌법 해석이 나오기 전, 활동가들은 사회를 향해 여러 가지 내실 있는 작업을 착착 진행했다. 결혼평등권빅플랫폼은 무엇보다 사회 갈등이 줄어들기를 희망하면서 중·노년층의 어른들이 동성애에 관해 제대로 알 수 있게 하는 일에 온 힘을 기울였다. 2월, 빅플랫폼 가운데 4개 단체가 총통부의 초청을 받아들여 총통과 면담을 하기로 결정했다. 그 뒤 미국 연방대법원의 오버거펠 대 호지스Obergefell v. Hodges 사건*의 심리 과정을 참고하여 대법관에게 각 영역의 전문가 의견을 담은 '법정 조언자 의견서'를 제출했다. '성소수자의 인생 이야기, 미완성의 권리 명세서-대법관에게 쓰는 1인 1이야기'는 정신의학, 심리, 법률, 사회복지, 교육, 정치, 젠더 연구, 공공 보건 등의 전문 학자가 쓴 성소수자 생명록生命錄이라 할 수 있다. 헌법 해석이 나온 후에는 사회 교육과 관련한 일들도 빠르게 전개했다. 온오프라인 양쪽으로 평등권을 알리고, 온라인에서 끊임없이 유포되는 잘못된 정보들을 바로잡았다.

5월 24일 당일, 빅플랫폼은 '타이완을 밝혀 아시아의 등대로-결혼 평등권 쟁취를 위한 입법원 투쟁'이라는 이름으로 한 번 더 대규모 집회를 열고, 아울러 헌법 해석이 어떻게 나올지

* 동성 결혼이 미국 수정헌법 제14조에 따른 기본권에 속하는지에 대한 판례로, 연방대법원은 "수정헌법 제14조에 따라 두 사람의 동성 결혼은 합헌이며, 동성 결혼이 합법이었던 주에서 동성 결혼을 했다면 다른 모든 주에서도 이를 인정해야 한다"라고 판결했다.

동태를 살폈다. 그날 우리는 긴장된 마음으로 집회에 나갔다. 헌법 해석이 동성 결혼을 뒷받침할지는 알 수 없었지만, 우리는 한 사람도 빠짐없이 무지개 깃발을 준비했다. 현장은 여느 때와 다름없었다. 누군가는 전단지를 나누어 주고, 누군가는 꽃가지로 장식한 파격적인 옷을 입고 운동의 성공을 기원했다. 이날 함께 어깨를 나란히 하고 있을 때의 기분은 프라이드 퍼레이드에서 느끼는 기쁨과는 달랐다. 우리 사이에는 무슨 일이 있어도 주저하지 않고 앞으로 나아가자는 마음이 자라났다. 그러한 눈빛을 확인한 우리는 서로에게 굳건한 응원을 보냈다.

저녁 무렵, 빗방울이 흩날렸지만 모여드는 인파는 점점 더 많아졌다. 사법원의 비서장이 "관계 기관은 본 해석 공포 후 2년 내에 본 해석의 취지에 따라 관련 법을 개정 또는 제정해야 한다. 어떤 형식으로 혼인 자유의 평등을 보장할지는 입법 형성 범위 내이다"라고 선언하는 순간, 운동 현장에서는 언제나 의연한 모습을 보이던 사람들이 하나같이 어린아이처럼 눈물을 흘렸다.

비가 그치자 무지개가 떠올랐다. 그날 무대에 올라 발언했던 샤오메이친의 말처럼.

"모든 사람은 사랑받을 가치가 있고 모든 사람은 축복받을 가치가 있습니다. 우리가 본 타이완의 무지개는 타이완을 빛내고, 세계를 빛내며, 인권을 빛낼 것입니다."

이후 몇 달 동안 빅플랫폼은 법안의 한계와 민의를 지속적으로 살피며 성소수자에 대한 인식을 넓혀나가는 한편, 운동의 방향을 최대한 성공적이고 상처 입는 이들이 적은 방향으로 조율해나갔다. 당시 타이완의 결혼 평등권에 국제 사회의 이목이 집중되면서 빅플랫폼 역시 유엔의 인권 행사와 각종 국제기구는 물론 미국 국무부에까지 날아가 타이완 결혼평등권운동의 현황과 진전을 공유했다. 당시 빅플랫폼의 집행위원장 신제는 시간대를 넘나드는 여러 나라의 인터뷰에 응하고, 해외의 여러 도시에서 강연을 하면서 더 많은 사람에게 타이완의 상황을 알렸다.

국제 사회의 보도 덕분에 운동의 기세는 한층 더 상승하고, 곳곳에서 진행된 성소수자 프라이드 퍼레이드에 점점 더 많은 사람이 합류했다. 빅플랫폼 역시 온건층과의 소통이 얼마나 중요한지 인식하고 대책을 마련했다. 전략적으로 지방으로 파고들어 타이어台語*로 대중과 소통했는데, 이를 계기로 지방 의회의 의원들에게도 영향을 미치게 되었다. 빅플랫폼은 사람과의 소통은 물론 신과의 동행에도 나섰다. 다자大甲**의 마조媽祖*** 행렬을 맞이해 마조의 축복을 받았다. 법안은 진흙탕에

* 타이완어라고도 하며 중국의 민난閩南 지방에서 파생된 방언으로 타이완에서 가장 널리 쓰이는 언어다. 일상생활에서 주로 쓰이며 공식 석상에서는 사용되지 않는다.

** 타이중에 있는 소도시.

빠진 듯 진척이 지지부진했지만, 활동가들은 진흙탕에서 버둥거리며 발걸음을 내디뎌 앞으로 나아갔다.

#타이완을_밝혀_아시아의_등대로

#다시_싸울_태세를_갖춘_결혼_평등권

*** 바다와 관련된 일을 하는 사람들이 항해자의 수호신으로 신봉하는 여신으로 타이완에서 유난히 추앙받는다.

2017

1.15

'평등권 훙바오紅包* 기자 회견'을 열고 사람들을 초대해 그들이 설날에 고향집에 가서 가족들과 대화를 시도할 수 있도록 훙바오 봉투를 나누어 준다.

1.25

"다음 설에는 우리가 함께 집으로 돌아가 새해를 맞이할 수 있기를 바랍니다"라는 광고를 신문에 게재한다.

TPP Q&A

外資預測川普下一步

台恐列貨幣操縱國

2.10

사법원은 치자웨이와 타이베이 시정부의 헌법 해석 청원을 받아들여 3월 24일 대법관회의를 열어 해당 안을 심의하겠다고 발표한다.

2.18

총통부에서 동성 연인과 동성 가정을 초청하여 차이잉원 총통과 천젠런陳建仁 부총통을 비롯한 정부 관료와 회견 자리를 마련한다.

3.3

페이스북을 통해 '성소수자의 인생 이야기, 미완성의 권리 명세서 - 대법관에게 쓰는 1인 1이야기'라는 활동을 펼친다.

3.11

결혼 평등권의 샤오미펑 자원봉사자들과 함께 '화이트데이, 무지개는 마음속에서만 달콤하다'라는 행사를 열어 지나가는 사람들에게 사탕을 나누어 주면서 가정을 이루고 싶은 성소수자의 염원과 사랑을 전한다.

3.15

'입법과 헌법 해석 필승의 길, 대법관님 도와주세요!'라는 강좌를 열어 여성자각재단의 린스팡林實芳 변호사와 민간사법개혁재단의 저우위슈周宇修 변호사가 타이베이, 타이중, 타이난에서 동시에 강의를 진행한다.

3.16

'대법관에게 쓰는 1인 1이야기'를 통해 모집한 성소수자의 미완성 권리 명세서

* 경사스러운 일에 건네는 돈으로 길조를 상징하는 붉은색 천이나 종이에 싸서 주기 때문에 훙바오라고 부른다. 축의금, 세뱃돈, 상여금, 보너스 등을 의미한다.

를 소개하는 기자 회견을 열고 모집한 이야기를 법정 조언자 의견서로 엮어 대법관에게 보내겠다고 발표한다.

3.20

시민단체에서 "성교육을 실시하여 집단 따돌림을 없애고 아이들에게 희망 찬 미래를 선물하자"라는 공동 기자 회견을 열어 성평등한 환경과 성교육이 아이들에게 미치는 영향을 위정자와 헌법 해석자에게 호소한다.

3.22

정신의학을 비롯한 심리와 법률, 사회복지, 교육, 정치, 젠더 연구, 공공 보건 분야의 전문가와 학자들이 내놓은 의견과 성소수자의 실제 삶의 이야기를 두루 반영해서 만든 법정 조언자 의견서 14부를 인터넷에 올리는 한편 대법관에게도 보낸다.

각계 인사들이 "2017 사랑은 다 똑같다, 민법 개정으로 모든 사람이 합법적으로 결혼할 수 있게 하자"라고 쓰인 피켓을 들고 결혼 평등권 지지 캠페인을 벌인다.

3.24

치자웨이와 타이베이 시정부가 각각 청원한 헌법 해석을 위해 대법관회의가 열린다. 치자웨이는 타이완 반려자 권익추진연맹의 쉬슈원許秀雯 변호사, 좡차오루莊喬汝 변호사, 판톈칭潘天慶 변호사에게 일을 위임하고, 타이베이 시정부는 정치대학교 법학과 랴오위안하오廖元豪 교수를 대리인으로 세운다.

3.26

'다자의 마조를 태운 어가, 무지개가 마중하다'는 장화彰化현의 위안린員林시에 향안香案*을 설치하고 다자의 마조를 맞이하여 경내를 순례하는 행사다. 마조를 태운 어가를 향안 앞에 내려놓고 어가가 앉은 자리의 압교금壓轎金**을 사람들에게 나누어 주며 전통 신앙을 빌려서 가정을 이루고자 하는 성소수자의 염원을 알린다.

4.10

결혼 평등권의 샤오미펑 자원봉사자들과 함께 초등학교 입구에서 어린이날 스티커를 나누어 주면서 학부모들과 성평등 교육에 관해 소통하는 기회를 갖는다.

* 향로, 촛대, 제물 등을 올려놓는 긴 탁자.

** 마조가 순례할 때 어가는 함부로 땅에 내려놓을 수 없고 반드시 준비된 자리에 놓는데 이때 신성과 존경의 뜻으로 마조가 앉을 자리에 까는 종이돈.

2017

4.23
'웨이광微光* 계획' 구성원들과 함께 '성소수자에 대한 궁금증 완전 해소!'라는 행사를 열어 오우양원펑歐陽文風** 목사가 순회강연을 펼친다.

4.24
사법원의 대법관이 보도 자료를 통해 5월 24일 동성 결혼에 대한 헌법 해석 결과를 발표하겠다고 밝힌다.

4.27
"동성 결혼 법제화 후 그 나라들은 어떻게 되었을까?"라는 주제로 캐나다와 영국, 미국의 경험을 나누는 좌담회를 열어 동성 결혼 법제화 이후 혼란이 초래되기는커녕 그 과정에서 민주주의와 인권의 가치가 더욱 강화된 것을 확인한다.

5.1
여서점女書店, Fembooks***과 협력하여 페이스북에 "내 국회의원은 내가 가르친다! 젠더 책장 만들기!"라는 행사를 열어 모금한 돈으로 국회의원에게 책을 보낸다.

5.5
'차별이 병이지, 동성애가 병인가?'라는 법정 조언자 연속 강좌를 개최한다. 법정 조언자 의견서를 쓴 의사 쉬즈윈徐志雲을 초청해 열 가지 사이비 정신의학을 파헤친다.

5.10
"엄마에게 말하고 싶어요. 서로 사랑하는데 동성애와 이성애의 구분이 어디 있어요"라는 온라인 어버이날 행사를 열어 성소수자와 그 가족의 감동적인 이야기를 사회에 전한다.

* 웨이보를 통하여 전하는 긍정적 에너지.

** 본명은 양원링楊文凌. 말레이시아 화교계 미국인으로 작가이자 시사평론가, 뉴욕 메트로폴리탄 커뮤니티 교회 목사, 사회학 교수이자 성소수자 권리운동가이다.

*** 페미니즘과 성소수자 관련 전문 서점으로 1994년에 문을 열었고, 이 서점에서 여서문화사업유한공사女書文化事業有限公司라는 출판사가 탄생했다.

5.24

타이완을 밝혀 아시아의 등대로 - 결혼 평등권 쟁취를 위한 입법원 투쟁

사법원의 헌법 해석 결과 발표, 칭다오둥로에서

그날 오후, 사법원은 「사법원 석자 제748호 해석」을 내놓고는 현행 민법이 동성 결혼의 자유를 보장하지 않는 것은 위헌의 소지가 있으므로 2년 내에 관련 법을 개정하거나 제정해야 한다고 천명한다. 총통부 역시 행정원에 빠른 시일 내에 법을 개정할 것을 촉구하고 사회를 향해 자신과 의견이 다른 사람을 이해와 포용, 존중의 태도로 대할 것을 호소한다.

이 헌법 해석은 타이완 성소수자권리운동의 선구자라고 할 수 있는 치자웨이와 세 쌍의 레즈비언 커플에게로 거슬러 올라간다. 그들은 2013년과 2014년에 호적관리사무소에 혼인 신고를 하지만 거절당한다. 이에 치자웨이가 소원訴願과 행정소송을 제기하지만 모두 실패로 돌아가고, 마지막으로 사법원에 헌법 해석을 청원한다. 타이베이 시정부 역시 민법의 규정이 위헌이라고 주장하면서 헌법 해석을 청원한다. 사법원은 '이유 설명서'에 치자웨이가 일찍이 1986년에도 동성 결혼 쟁취를 위한 기자 회견을 열었고, 그 당시에도 성소수자들이 하나둘씩 떨쳐 일어났다고 썼다. 그러니까 성소수자들은 이날을 위해 30년이 넘는 시간을 함께 기다려온 것이다.

동성 결혼 지지, 대법관을 이기다: 동성 결혼을 불허하는 현행법은 위헌이므로 2년 내에 개정해야 한다

2017

5.26
헌법 해석이 나온 후 빅플랫폼은 즉시 "평등권의 빛, 타이완을 밝히다"라는 기자 회견을 열어 "평등권의 빛이 타이완 전체를 밝히도록" 활동을 전개하겠다는 뜻을 알린다. 그런 다음 조속히 법을 개정하고 관련 법규를 검토할 것을 행정원에 요구한다.

5.31
입법원 사법 및 법제위원회의 유메이뉘 소집위원이 민법 개정 초안 협의를 위한 회의를 소집한다.

6.7
헌법 해석이 나온 후 행정원은 동성 결혼 법제화를 위한 법 개정 전담팀을 꾸리고 1차 회의를 열어 먼저 현행 행정 법규를 검토한 뒤 동성 배우자에 관한 규정을 완화하기로 결의한다.

6.14
행정원은 동성 결혼 법제화를 위한 법 개정 전담팀 2차 회의를 열어 민법의 관련 규정을 검토한 뒤, 결혼 연령과 부부 재산제 등은 현행 민법 규정으로도 동성 배우자에게 동일하게 적용할 수 있다고 결론짓는다.

6.21
행정원은 동성 결혼 법제화를 위한 법 개정 전담팀 3차 회의를 소집한다. 내정부內政部*는 지역 제한 없이 동성 반려자의 세대 등록을 개시하고 '민법 친족편 혼인 일반 효력' 조문이 동성 배우자에게도 적용될 수 있는지 검토한다.

7.6
'결혼 자유의 평등 보장, 판결 이후 타이완과 미국의 대담'에 법학자 장훙청張宏誠과 미국의 동성 결혼 법제화를 추진한 변호사 에번 울프슨을 초빙하여 미국 연방대법원의 판결과 타이완 사법원의 헌법 해석을 주제로 대담을 진행한다.

8.3
"사랑이 가정을 이루게 하자. 나는 아버지를 사랑한다"라는 온라인 캠페인을 벌여 성소수자 네티즌이 아버지를 설득한 감동적인 이야기를 모은다.

8.9
헌법 해석이 나온 이후 처음으로 타이베이 고등행정법원이 혼인 신고 건에 대해 법정을 열고 심리를 진행한다. 이에 빅플랫폼은 보도 자료를 내서 행정원에 조속히 개정 법안을 발의할 것을 호소한다.

* 타이완 행정원에 속해 있는 행정 사무 담당 부서.

8.22

타이베이에서 '사랑이야기관: 우리에게 하나의 미래를 약속하다'라는 전시회를 연다. 더 많은 사람의 지지를 바라며 동성 연인의 이야기를 대중 앞에 선보인다.

8.23

동성 커플인 뤼신제와 천링陳凌의 혼인 신고와 관련해 행정 소송 법정이 열리고, 재판 개시 후 당사자와 변호사는 법정 바깥에서 기자 회견을 연다.

9.29

'제2의 비안성이 나와서는 안 된다. 결혼 평등권은 지금 당장!'이라는 기자 회견을 열어 비안성 추모 저녁 집회를 열 계획임을 발표한다. 기자 회견 자리에 초청받아 온 퀴어연맹의 후성샹胡勝翔 비서장 역시 자신의 경험을 들어 즉시 법을 개정하여 자신과 반려자의 권익을 보장해줄 것을 정부에 촉구한다.

제2의 비안성이 나와서는 안 된다.
결혼 평등권은 지금 당장!
뤼신제, 후성샹, 차오청시

10.3

행정원의 라이칭더賴清德 원장이 허즈언柯志恩 국회의원의 질의에 회기 내에 개정 법안을 내기는 어려울 것이라는 의견을 밝힌다. 빅플랫폼에서는 "신임 행정원장이 법 개정을 미룬다? 민진당은 지금 당장 선거 전에 했던 정치적 약속을 이행하라!"라는 성명을 내고 제2의 비안성이 나오지 않게 지금 당장 법 개정을 실시할 것을 촉구한다.

10.6

라이칭더 원장은 쉬위런 국회의원의 질의에 2017년 내에 법안 초안을 제출하겠다고 밝힌다.

10.12

헌법 해석이 나온 후, 동성 커플의 혼인 신고가 거부당한 것에 대해 행정법원이 첫 판결을 내린다. 호적관리사무소에서

2017

동성 커플의 혼인 신고를 거부한 행위는 위법한 것이므로 이를 철회한다고 판결하지만, 혼인 신고를 할 수 있게 호적관리기관에 명령해달라는 당사자의 청구는 기각한다.

10.13

성소수자권리운동에 뛰어들어 결혼 평등권 보장을 추진하고 헌법 해석안을 이끌어낸 공로로 치자웨이가 총통문화상 사회개혁상 부문을 수상한다.

10.16

동성 결혼에 대한 법적 보장을 얻어내지 못해 아쉬움이 남지만, 비안성 선생 사망 1주기를 맞아 그가 타이완에 공헌한 바를 기리기 위해 카이다거란대로에서 "더는 기다릴 수 없다. 우리 모두가 비안성이다"라는 저녁 집회를 연다.

기다림을 거부한다. 유감을 끝내자.

10.28

빅플랫폼은 타이완 성소수자 프라이드 퍼레이드에 참가하여 녹색 대열의 선두 차량을 맡아 대중을 이끌고 교육부 앞에서 '굿바이 장미 소년'과 '기다림을 거부한다, 손에 피를 묻히는 비극은 여기서 끝내자'라는 플래시몹을 펼친다.

11.17

'사랑이야기관: 우리에게 하나의 미래를 약속하다' 전시회를 가오슝 보얼駁二에서 연다.

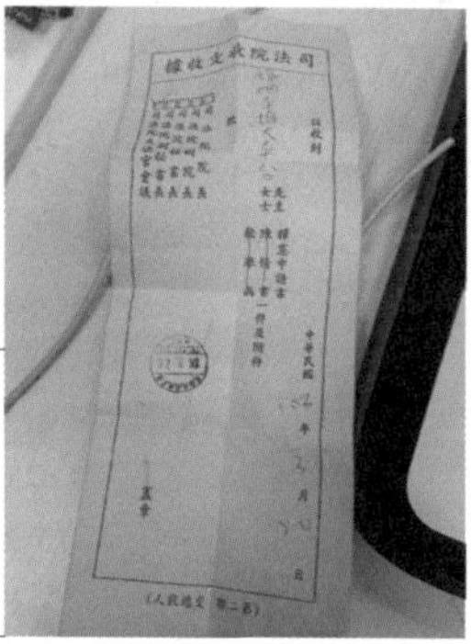

사법원 문서 접수증
☑ 사법원 대법관회의

결혼평등권빅플랫폼
헌법 해석 신청서 1부와 부속 문건

중화민국 106년 3월 20일

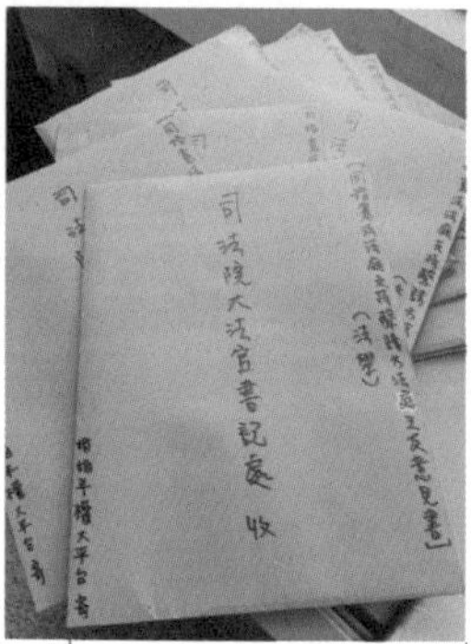

동성 결혼을 지지하는
사람들이 사법원에 보내는
법정 조언자 의견서.

사법원 대법관 서기처 받음.
결혼평등권빅플랫폼 보냄.

☀ 2017년 초, 총통과 면담할 기회를 얻은 우리는 많은 동성 연인과 동성 가정을 초청해 함께 간다. 사랑 안에서 다를 바 없는 우리가 빕 때문에 다른 대우를 받고 있는 현실을 정부가 깨닫기를 바라는 마음으로.

집단 따돌림을 끝내자.
차별에 반대한다.
성평등 교육으로 어린이, 청소년을 보호하자.

차별을 끝내자.
집단 따돌림을 거부한다.

나는 아무래도 동성을 좋아하는 것 같다?
텔레비전에서 성감대라고 말하던데?
성평등법.
콘돔은 어떻게 사용하죠?
협박해도 헤어질 수 없다.
친구들이 저더러 여자 같다고 놀려요.
많은 사람이 내게 고백을 해와요.

☀ 사법원이 조만간 헌법 해석을 내놓는다는 소식을 접한 2017년 상반기에 빅플랫폼은 할 수 있는 모든 노력을 기울인다. 성소수자의 인생 이야기를 기록한 '법정 조언자 의견서'를 만들어 모든 대법관에게 제출한다. 또한 반대 단체의 공격을 받을 때마다 크고 작은 강좌와 기자 회견을 열어 진실한 삶의 이야기로 대화를 시도하고 가짜 뉴스에 대응한다.

최후의 날이 오기 전에 우리의 사랑이 이루어지길 원한다.

생사이별을 함께하기로 약속했으니 당신의 손을 놓지 않고 함께 늙어갈 것이다.

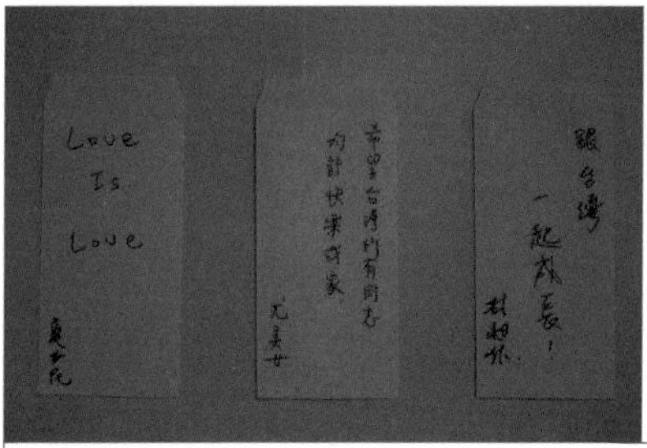

타이완과 함께 성장하자! _린창줘(FTV 진행자)
타이완의 모든 성소수자들이 행복한 가정을 이루기를 바랍니다. _유메이뉘
Love is Love. _샤리민(국회의원)

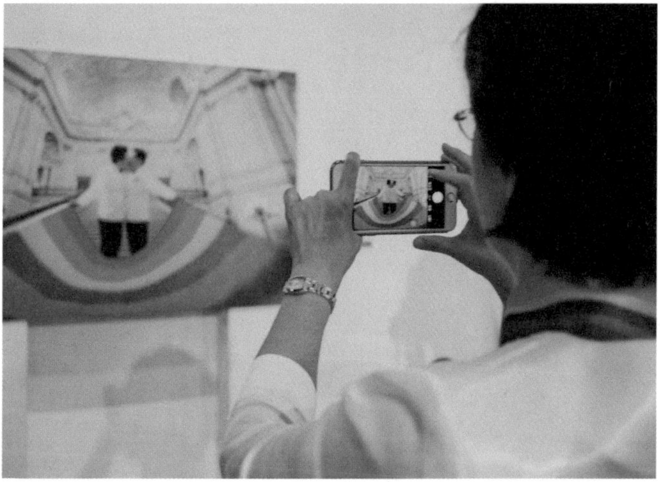

☀ 빅플랫폼은 더 많은 사람이 성소수자 의제에 관심을 갖도록 풍속과 신앙, 해외 경험, 텔레비전, 실물 전시 등을 통해 대중의 일상생활 속으로 파고들었다. 우리는 설 연휴 기간에 다다오청大稻埕에서 결혼 평등권 홍바오 봉투를 나눠 주고, 순례하는 다자 마조의 어가를 제단을 쌓아 맞이하는 행사에 참여했다. 캐나다, 미국, 프랑스, 영국의 타이완 주재 협회 대표를 초청하여 그 나라들에서 동성 결혼이 법제화된 후 사회에 별다른 파장이 없었음을 타이완 사람들에게 전했다. 또한 전국 각지에서 '사랑이야기관: 우리에게 하나의 미래를 약속하다'라는 전시회를 열어 성소수자들이 진실하게 사랑하는 모습을 보여주며 사랑 안에서는 우리 모두가 같다는 것을 알렸다.

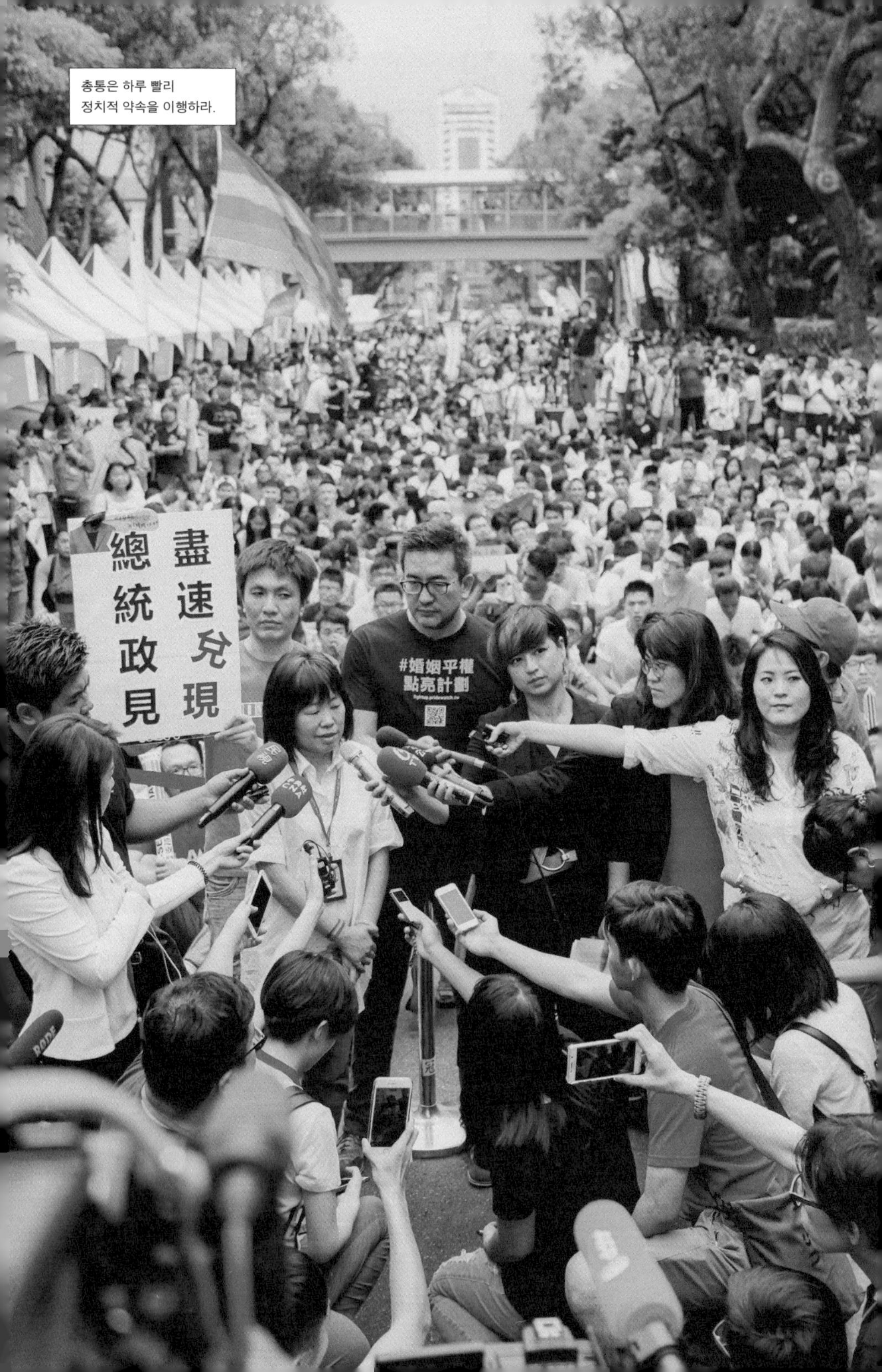

총통은 하루 빨리
정치적 약속을 이행하라.

☀ 2017년 5월 24일 사법원이 헌법 해석을 내놓은 날, 우리는 2만 명의 사람들과 함께 한 번 더 입법원 앞에 집결하여 정부가 법안 처리에 박차를 가하기를 희망하면서 압력을 가했다. '타이완을 밝혀 아시아의 등대로—결혼 평등권 쟁취를 위한 입법원 투쟁'은 총통이 선거 때 했던 약속을 환기하고, 진정한 평등권은 아직 도래하지 않았으므로 '우리의 노력을 멈춰서는 안 된다'는 메시지를 동료들에게 주기 위한 것이었다.

☀ 그날 오후 4시에 사법원이 역사상 처음으로 중국어와 영어를 함께 사용하여 기자 회견을 여는 것을 보고 우리는 이내 심상치 않은 순간임을 눈치챘다. 「사법원 석자 제748호 해석」이 발표되자 현장에 있던 사람들이 하나같이 기쁨의 눈물을 흘렸다(우리의 휴대폰 역시 언론에서 건 전화로 불이 났다)!

마조의 사랑은 동성애든 이성애든 가리지 않는다.

☀ 이날 행사의 마지막 하이라이트는 '타이완의 무지개를 밝히자'였다. 우리는 여섯 가지 색깔을 넣은 투명 카드를 만들어 사람들에게 나누어 주고, 다 같이 휴대전화의 빛으로 무지개를 밝히는 집단 예술 공연을 펼쳤다. 이를 통해 집권당에 법안을 계속 추진해나가야 한다는 사실을 상기시켰다. 그 작은 투명 무지개 카드는 오늘에 이르기까지 많은 사람들의 곁을 지켰다.

결혼평등권빅플랫폼.

법 개정을 당장 이행하라.

☀ 헌법 해석이 나온 이해에 우리는 정부가 몇 달 안에 관련 법안을 발의하여 성소수자의 권익이 다음 단계로 나아갈 수 있으리라 잔뜩 기대했지만 오매불망하던 그 일은 깜깜무소식이었다. 당시 익히 듣던 "타이완, 축하해요"라는 말은 활동가들 입장에서는 말 못 할 고충이 있는 축하 인사였다. 아직 진정한 동성 결혼 법안이 통과되지 못했기 때문에 우리는 마음을 놓을 수 없었다. 이는 단지 반대 단체가 동성 결혼을 인정하지 않는 반려자 특별법을 선전하기 시작했기 때문만이 아니라, 끊임없이 유언비어를 퍼트려 대중의 성평등 교육과 교과 과정 개편을 잘못된 방향으로 이끌려 하기 때문이었다. 이 시기에 빅플랫폼은 "유감을 끝내자. 기다림을 거부한다. 결혼 평등권은 지금 당장"이라는 캠페인을 지속적으로 추진하고 전국의 성소수자 프라이드 퍼레이드에 적극적으로 참여했다. 이렇게 노력한 덕분에 '비안성 추모 저녁 집회'를 개최할 수 있었다.

기다릴 수 없다.

기다림을 거부한다.

2017년 10월 16일, 총통부 앞에서 "더는 기다릴 수 없다. 우리 모두가 비안성이다"라는 저녁 집회를 열었다.

2개 안 찬성

제14안 ¦ 당신은 민법에 의거해 동성 두 사람이 결혼 관계를 구축하는 것에 동의하는가?

제15안 ¦ 당신은 「성평등교육법」의 지침에 따라 의무교육의 각 단계에서 성평등 교육을 실시하고 그 내용에 정서 교육, 성교육, 성소수자 관련 교육 등의 교과 과정을 포함하는 것에 동의하는가?

20

3개 안 반대

제10안 ¦ 당신은 민법상의 결혼은 마땅히 남녀 한 쌍의 결합에 한정되어야 한다는 것에 동의하는가?

제11안 ¦ 의무교육 단계(초등학교와 중학교)에서 교육부와 각급 학교는 학생에게 「성평등교육법」 시행 세칙에서 규정하는 성소수자 관련 교육을 해서는 안 된다는 것에 동의하는가?

제12안 ¦ 당신은 민법상의 결혼 규정 이외의 별도의 형식으로 성별이 같은 두 사람이 영구적인 공동생활을 영위할 권익을 보장하는 것에 동의하는가?

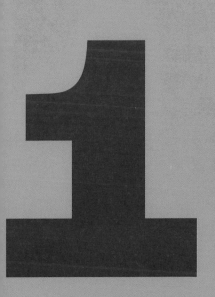

18

2018년, 다음세대행복연맹이 대표로 제안한 '가족사랑' 3개 안(제10, 11, 12안)이 국민투표 안건으로 상정되었다. 사회민주당 소속의 진보적 정치인 먀오보야 등이 제안한 '평등권' 2개 안(제14, 15안) 역시 국민투표 안건으로 상정되었다.

우리는 사람들을 만날 때마다 '2개 안 찬성, 3개 안 반대'를 환기시켰다. 그 당시 많은 성소수자들이 가족에게 커밍아웃을 한 뒤에 어떻게 투표를 해야 하는지 토론을 했다. 그 과정에서 적잖은 갈등과 적잖은 화해를 겪었다.

대화를 하려면 토대가 마련되어야 한다. 빅플랫폼은 2018년 초 아일랜드에도 다녀오고, 국민투표를 경험한 호주와 미국의 성소수자 단체를 타이완으로 초청하여 어떻게 전략을 짜고 대응해야 할지 방법을 전수받기도 했다. 호주와 미국의 활동가들은 그 밖에도 타이완 사람들에게 많은 것을 가르쳐주고자 노력했다. 거리 대화, 전통 시장과 쇼핑센터에 부스 설치, 리더십 훈련, 성평등 교육 알기, 성소수자와 성소수자 인권 알기, 삶의 경험을 대화에 접목하기, 국민투표가 임박한 시기의 감정과 심리 돌보기 수업 등등.

오프라인에서는 빅플랫폼의 샤오미펑 자원봉사자들과 평등권 국민투표의 샤오커아이 자원봉사자들이 모든 지하철역 입구에 서서 대중과 최전선에서 소통하는 일을 마다하지 않았다. 당연히 반대 단체 사람들과도 종종 마주쳤다. 기자 회견, 평등권 강좌, 전시회도 부단히 열었다. 덕분에 더 많은 사람이 성소수자 역시 똑같이 우리의 자녀들임을 인식하게 되었다.

국민투표 원년에는 여러 가지 의제가 동시에 알려지면서 결혼평등권운동 자체에도 어려움이 있었을 뿐 아니라 유권자에게도 혼란이 가중되었다.

다음세대행복연맹을 비롯한 반대 단체와 끊임없이 맞서 싸운 이 1년 동안, 라인을 비롯한 소셜 미디어에 가짜 뉴스가 넘쳐나는 바람에 많은 사람의 가족 채팅방에서 갈등이 일어났다. '벌 떼처럼 지지자들에게 날아가자'는 캠페인을 통해 빅플랫폼의 샤오미펑 자원봉사자들은 타이베이 이외의 더 많은 지역을 찾아가고, 타이베이 이외의 지역에서 여는 강좌의 수도 크게 늘렸다. 더 많은 자원을 지방 조직에 투입했을 뿐 아니라 각 지역의 전문 요원으로 구성된 자원봉사자들이 일제히 홍보 문구를 내놓으며 최전선에서 지식으로 소통했다. 물론 그 과정에서 몰이해라는 장벽에 수시로 부딪혔다. 빅플랫폼은 성소수자들이 더 용감하고 진실하게 자기 인생에서 중요한 사람들과 대화를 나눌 수 있도록 '가족에게 전화하기'라는 기록 활동을 벌였다. 국민투표를 앞두고는 '사랑을 위한 귀향, 행복의 특급 열차 타기' 콘서트도 개최했다. 이 콘서트에는 10만 명의 사람이 몰려들어 한 번 더 구심력을 보여주었다.

11월 23일, 국민투표 하루 전날 마지막 한 가닥의 희망을 부여잡고 끝까지 최선을 다하고자 '고향으로! 타이완의 모든 기차역 마중 나가기 프로젝트!'라는 이름으로 모든 기차역에 귀성객을 환영한다는 팻말을 든 자원봉사자를 배치했다.

마침내 국민투표 결과가 나오고, 우리는 마음이 갈기갈기 찢기는 밤을 맞이했다. 국민투표 실패를 맞닥뜨린 우리는 그런 좌절이 성소수자들의 마음에 상처를 줄까 봐 '미래는 아직 오지 않았으니 우리 함께 나아가자'라는 이름의 강좌를 적극적으로 개최했다. 연말의 국민투표 결과에 모두가 실망했지만, 뜻밖에도 이것이 우리를 나가떨어지게 하지는 못했다.

국민투표 결과는 이 1년 동안 우리가 다져놓은 풀뿌리 조직, 온오프라인에서 함께 진행한 광고, 정보 전달력 등을 확인하는 기회였다. 비록 우리가 동성애 반대 단체들을 변화시키지는 못했지만, 어쨌든 우리는 300만 표를 얻었다. 반대 단체에서 온 세상을 뒤덮을 만큼 엄청난 양의 자원을 쏟아붓는 것을 보고 빅플랫폼은 활동의 중점을 입법 로비에 두기로 했다. 동성 결혼의 권리를 보장하는 일이 국민투표의 실패로 중단되지 않도록 동성 결혼과 이성 결혼의 차이를 최대한 줄이는 것을 목표로 하기로 결심했다. 당시의 유일한 선택지는 특별법 제정이었다.

우리는 눈물을 훔치고 서로를 부축하면서 새롭게 전열을 가다듬었다. 본래 자원이 비대칭한 전쟁이었고, 길고 긴 여정이었다. 여기까지 온 이상 계속 걸어가는 수밖에 없다.

#3개_안_반대_행복_OK

#2개_안_찬성_3개_안_반대로_행복한_미래에_투표하자

#사랑을_위한_귀향_행복의_특급_열차_타기

#미래는_아직_오지_않았으니_우리_함께_나아가자

1.26

행정원 맞은편 건물(중산베이로中山北路와 충샤오둥로忠孝東路의 교차로)에 "가정을 이룰 평등, 얼마나 더 기다려야 하는가?"라는 대형 광고판을 설치하여 행정원에 법 개정에 박차를 가할 것을 요구한다.

2

다음세대행복연맹은 민법 개정을 통해 동성 결혼 법제화가 이루어지는 것과 성소수자에 관한 교육이 학교 안으로 들어가는 것에 반대하면서, 이를 국민투표에 부치자고 제안한다.

2.9

곧 있을 국민투표 전투에 만전을 기하기 위해 더블린으로 가서 아일랜드 국민투표 단체를 방문한다.

3.31

'일어나라 젠더 시민性別公民*, 엄마 아빠와 함께 뭉치자'라는 제목으로 결혼 평등권을 위해 지역 사람들을 설득하는 워크숍을 개최한다.

5.10

'자원봉사자와의 대화'라는 이름으로 첫 번째 온라인 교육을 실시한다.

5.15

'모두 모두 좋은 집, 사랑으로 일군 집'이라는 이름으로 2018년 타이베이시 성소수자 시민 활동 기자 회견을 연다.

5.16

'분홍 경제의 도약 앞에 타이완은 준비가 되었는가?'라는 제목으로 2018년 세계 가정의 날 문화 강좌 시리즈를 시작한다. '분홍 경제', '디자인으로 운동하기' 등의 방향으로 나누어 토론을 진행한다.

5.17

'벌 떼처럼 지지자들에게 날아가자'라는 이름의 모금 계획을 세우고 "2018년 국제 성소수자 혐오 반대의 날을 맞아 빅플랫폼은 대화를 통해 사랑으로 가는 지름길을 찾는 여정에 당신을 초대합니다"라는 기자 회견을 연다.

5.24

'모두 모두 좋은 집, 사랑으로 일군 집'이라는 이름으로 2018년 세계 가정의 날 잔디밭 소풍을 개최한다. 초대받은 50여 곳의 우호 업체와 함께 연예인들의 공연을 관람한다. 화산華山의 넓은 잔디밭을 다양한 형태의 가족이 가득 채우고, 이제는 고인이 된 홍콩 연예인 루카이퉁盧凱彤이 노래를 불러 지지를 표명한다.

* 모든 성 정체성과 성적 지향을 아우르는 시민의 개념, 즉 모든 시민을 뜻한다.

2018

5.25

'결혼 평등, 가정을 이룰 평등?'이라는 주제로 법 개정에 관한 국제 포럼을 열어 결혼 평등 법안을 먼저 발의한 네덜란드와 프랑스, 호주의 국회의원들을 초청한다. 각국의 법 개정 과정과 전략을 공유하고, 아울러 총통부와 입법원을 찾아가 법 개정 행보에 박차를 가할 것을 환기시킨다.

6.11

'타이완 사회 질적 연구: 집중 인터뷰 실시'라는 이름으로 각지를 방문한다. 이는 타이완에서 처음으로 성소수자 의제에 맞춰 실시한 사회 실태 조사이다.

7.23

미국과 호주의 국민투표 자문단이 타이완의 성소수자운동 교육 워크숍을 방문해 국민투표를 어떻게 준비해야 하는지 방법을 전수한다.

7.27

'가오슝 철학 금요일'이라는 단체와 공동으로 '대법관의 헌법 해석 vs 동성 결혼 반대 의향을 묻는 국민투표-직접 민주주의의 이상과 현실'이라는 주제로 강좌를 개최한다.

8.29

기자 회견을 열어 "3개 안 반대, 행복 OK!"라는 100만 반대표 모집 행동을 정식으로 시작하겠다고 선언한다.

8.30

다음세대행복연맹에서 제안한 '민법상의 결혼은 남녀 한 쌍에 한정한다', '초등학교와 중학교에서 성소수자 관련 교육을 금지한다', '동성 배우자는 민법상의 결혼이 아닌 다른 형식으로 보장한다' 등의 3개 안이 2단계 연대 서명을 마치고 중앙선거위원회에 제출된다.

9.4

결혼 평등권 국민투표 추진 소위원회에서 '결혼 평등권'과 '성평등 교육 확립' 두 가지 안건에 관해 2단계로 47만 부의 연명서를 받아 중앙선거위원회에 보낸다. 이 가운데 최종적으로 43만 부가 유효 서명으로 인정받는다.

9.11

'스타의 Call Out' 첫 생방송이 진행된다. 이 방송에서는 매주 한 사람의 유명 인사를 초청해 가까운 지인에게 전화를 걸게 하고는 어떻게 소통하고 대화하면 좋은지 방법을 알려주고, 국민투표에 관한 최신 소식을 전한다.

9.21

'가오슝 철학 금요일'에서 '헌법 해석 이후, 법 개정 이전! 국민투표 원년의 결혼 평등권'이라는 제목으로 강좌를 연다.

9.24

뤼신제가 태국으로 날아가 결혼 평등권 국민투표라는 도전적인 상황을 전한다. 이는 타이완 최초로 태국 외신기자협회의 초청을 받아 진행한 강연이다.

9.25

결혼평등권빅플랫폼, 타이완 반려자 권익추진연맹, 평등권 전야의 무지개 봉기, 성평등 교육 빅플랫폼 등의 단체가 공동 성명을 발표하고, 함께 '11. 24 귀가 투표, 2개 안 찬성·3개 안 반대, 타이완의 행복한 미래에 투표하자'라는 캠페인을 벌인다.

10.4

'2018 국민투표 원년, 우호적인 후보' 명단을 발표하고, 기자 회견을 열어 후보자의 동성 결혼 지지 여부에 관한 조사 결과를 공개한다.

10.9

중앙선거위원회에서 다음세대행복연맹이 제안한 '민법상의 결혼은 남녀 한 쌍에 한정한다', '초등학교와 중학교에서 성소수자 관련 교육을 금지한다', '동성 배우자는 민법상의 결혼이 아닌 다른 형식으로 보장한다' 등 세 가지가 국민투표 안건으로 상정되었음을 발표한다.

10.11

중앙선거위원회에서 '결혼 평등권'과 '성평등 교육 확립' 두 가지 안건이 서명 요건을 갖춰 10월 16일 심의를 통과할 것이라고 밝힌다.

10.13

국민투표 안건 상정 이후 각 지역의 시민들에게 국민투표 의제를 알리고, 대화의 기술을 전수하기 위해 결혼평등권빅플랫폼과 전국 각지의 조직, 단체, 학교, 우호적 상점 등이 힘을 합쳐 한 달에 20회 이상 국민투표 설명회와 교육을 진행한다.

10.14

'사랑이야기관: 우리에게 하나의 미래를 약속하다' 전시회를 타오위안의 광잉光影에서 열어 성소수자의 삶을 사람들에게 계속해서 보여준다.

2018

10.17

타이완 반려자 권익추진연맹과 '사랑이 가장 크다'가 공동으로 '무지개 브이V 프로젝트'를 시작한다. 모두가 힘을 합쳐 더 큰 변화를 이끌어내기를 바라는 마음으로 빅플랫폼과 결혼 평등권 국민투표 추진 소위원회가 이를 공동으로 지원한다.

10.19

'깃발 꽂은 가게에 합류해 행복한 미래를 지지하자'* 라는 타이완 전역 깃발 꽂기 프로젝트의 온라인 신청이 시작된다. 일주일 만에 1000개의 깃발이 소진된다.

10.27

빅플랫폼은 '2개 안 찬성, 3개 안 반대 국민투표 연습 대회'라는 주제로 타이완 성소수자 프라이드 퍼레이드에 참가하여 사람들에게 투표 방법을 교육한다.

10.31

'비상소집 – 손잡고 강당으로 들어가는 최후의 1마일'이라는 크라우드 펀딩을 시작한 지 일주일 만에 1000만 타이완 달러에 달하는 광고 비용을 모은다. 이 돈으로 마지막 한 달 동안 차량, 텔레비전, 신문에 광고를 게재할 계획이다.

11.2

"난무하는 가짜 뉴스, 우리가 끝장내자!" 라는 기자 회견을 열어 보수 단체들의 10대 가짜 뉴스를 반박한다.

11.2

타이완 교민들과 미국의 동성 결혼 단체 '결혼의 자유'가 공동으로 뉴욕의 술집 스톤월**에서 '스톤월에서 보내는 사랑 – 타이완의 결혼 평등을 지지한다'라는 국민투표 설명회를 개최한다.

* 온라인으로 깃발을 신청해 가게 앞에 꽂는 것으로 동성 결혼 지지를 표명할 수 있었다.

** 1969년 6월 28일 술집 단속을 나온 경찰에 성소수자들이 격렬히 저항한 스톤월 항쟁Stonewall Riot이 일어났던 곳으로 이후 성소수자운동의 성지가 되었다.

11.18

사랑을 위한 귀향, 행복의 특급 열차 타기 - 2개 안 찬성, 3개 안 반대 콘서트

카이다거란대로에서

2018년 말 구합일九合一* 지방 선거를 코앞에 두고, 동성애 반대 종교 단체에서는 선제적으로 연대 서명을 받아 안건을 제출한다. 내용은 동성 결혼과 성평등 교육 등 여러 의제에 관한 국민투표를 실시하자는 제안이다. 그중에서 "당신은 민법상의 결혼 규정 이외의 별도의 형식으로 성별이 같은 두 사람이 영구적인 공동생활을 영위할 권익을 보장하는 것에 동의하는가?"라는 안건은 결혼 평등권과 정면으로 충돌한다. 동성애 반대 단체들은 헌법 해석 결과를 국민투표에 부쳐야 한다는 대중적인 호소를 반격의 전략으로 삼은 것이다. 이에 먀오보야 등도 결혼 평등권에 관한 국민투표를 제안한다. 국민투표 대결전 앞에서 성소수자 단체와 사회는 숱한 힘겨루기와 갈등에 직면하지만, 우리가 할 수 있는 일은 그저 있는 힘껏 연대하고 많은 사람을 모으는 일뿐이다. 져서는 안 되는 이 싸움에서 죽을 듯이 싸워 이기는 수밖에 없다. 투표 일주일 전에 결혼평등권빅플랫폼과 결혼 평등권 국민투표 추진 소위원회는 카이다거란대로에서 '사랑을 위한 귀향, 행복의 특급 열차 타기' 콘서트를 연다. 여기서 '2개 안 찬성, 3개 안 반대'를 슬로건으로 내걸고 사람들에게 집으로 돌아가 결혼 평등권에 반대하는 3개 안에 반대표를 던지고, 평등권을 지지하는 2개 안에 찬성표를 던질 것을 독려한다.

2018

11.23

'고향으로! 타이완의 모든 기차역 마중 나가기 프로젝트'를 펼친다. 여러 연예인이 동참하여 고향 기차역에서 귀성객을 맞으며 투표를 독려한다.

11.24

개표 날 밤

2018년 11월 24일 보수 단체와 처음으로 정면 대결에 나선다. 막대한 자원과 인원을 동원했지만, 바라던 국민투표 결과는 얻지 못한다. 동성애 반대 단체가 발의한 '민법 개정을 하지 않는다', '특별법을 만든다', '성소수자 관련 교육에 반대한다' 등의 요구가 모두 대승을 거두어 3개 안이 전부 압도적인 숫자로 통과된다. 반면 성소수자 단체에서 발의한 평등권 2개 안은 처참하게 부결된다. 이는 정부가 국민투표 결과에 따라 3개월 안에 동성 결혼을 보장하는 특별법을 내놓아야 한다는 뜻이기도 하다. 춥고 칠흑 같던 그날 밤에 성소수자들과 그 지지자들은 크게 상심한 채 죽고 싶다는 생각마저 한다. 많은 단체가 지금까지 쏟아부은 노력이 순식간에 물거품이 되었다고 느낀다. 성소수자들은 국민투표 결과로 인해 자신이 이 세상에 존재하는 의미마저 부정당한 느낌을 받는다. 타이완 성소수자의 인권이 가장 캄캄한 이날 밤, 우리의 마음은 갈기갈기 찢겨 숨쉬기조차 힘들다. 그저 마지막 남은 미약한 힘으로 평등권을 손에 쥐는 날이 언젠가는 올 거라고 믿는 수밖에 없다.

* 직할시 시장, 직할시 의원, 현縣 시장, 현 의원, 향鄉(진鎮)의 시장, 향과 진의 시민 대표, 직할시 산지 원주민 구장區長, 직할시 산지 원주민 구민 대표, 마을(리里)의 장 등 아홉 종류의 지방 공직자를 한 날에 뽑는다고 해서 구합일이라고 한다.

가정을 이룰 평등,
얼마나 더 기다려야 하는가?
우리는 모두 아이의 엄마다.
—결혼평등권빅플랫폼

2018.01.26 - 2018.02.28

"가정을 이룰 평등, 얼마나 더 기다려야 하는가?"

☀ 두 엄마가 아이를 안고 엄숙한 낯빛을 한 채 가족사진을 찍었다. 빅플랫폼은 이 사진을 행정원 맞은편 광고판에 게시하고는 사람들에게 이 동성 가정과 함께 사진을 찍어달라고 요청했다. 정부를 향해 "가정을 이룰 평등, 얼마나 더 기다려야 하는가?"라는 깊고 절실한 질문을 던진 것이다.

동성애 반대 국민투표?
가정 파괴, 가족 사랑 아님.
3개 안 반대, 행복 OK!!

2018 세계 가정의 날.
모두 모두 좋은 집, 사랑으로 일군 집.

2개 안 찬성, 3개 안 반대로
행복한 미래에 투표하자.

☀ 2018년은 도전이 불쑥불쑥 고개를 내민 한 해다. 입법원에서 결혼 평등권 법안을 차일피일 미루고 있을 때 지방 선거에서 지방의 성평등에 관한 의제가 불거지면서 반대 단체들은 국민투표를 지방 선거로 끌어들인다. 온 세상을 뒤덮을 듯 범람하는 가짜 뉴스가 여러 커뮤니티와 거리 곳곳으로 침투하지만, 우리는 포기하지 않고 사회를 향해 더 많은 소통과 대화를 이어갔다. 시민이 지역구 의원 및 비례대표 의원 후보들과 직접 의견을 교환할 수 있도록 우리는 '일어나라 젠더 시민, 엄마 아빠와 함께 뭉치자'라는 지역 워크숍을 열었다. 5월 세계 가정의 날에는 소풍을 준비해 동성 가정은 물론 젊은 엄마 아빠와 아이를 초대했으며, 모인 사람들에게 '모두 모두 좋은 집, 사랑으로 일군 집'이라는 메시지를 보여주었다. 또한 네덜란드, 프랑스, 호주의 국회의원을 타이완으로 초청하여 그 나라들의 동성 결혼 법제화 과정을 공유하고, 정부를 향해 여기서 발걸음을 멈춰서는 안 된다고 촉구했다.

2개 안 찬성, 3개 안 반대로
행복한 미래에 투표하자.

그러나 우리는 용기를 내어 권리를 지켜야 한다.
정확한 정보를 전달하자.

타이완 전역에서 국민투표의 열기가 확확하게 달아오를 때 우리는 모든 지역에 현수막을 내걸고, 시장과 야시장, 공원, 거리를 돌면서 전단지를 나누어 주고, 유언비어에 반박하는 기자 회견을 잇달아 여는 등 전국적인 규모의 국민투표 선거전에 전력투구했다.
우리의 주장을 알릴 수 있는 길이라면, 뭐가 됐든 놓치지 않았다.

☀ 2018년 11월 18일 '사랑을 위한 귀향, 행복의 특급 열차 타기'라는 이름의 2개 안 찬성, 3개 안 반대 콘서트가 열렸다. 국민투표와 함께 치른 이번 지방 선거는 홍보전이 거의 총통 선거와 맞먹을 정도로 치열했다. 이에 선거 전 마지막 황금 주말을 맞아 우리는 한 번 더 카이다거란대로에 집결해 고향으로 돌아가 투표할 것을 독려했다.

11.24 투표
18세도 국민투표하자.
당신이 빠져서는 안 된다.
14, 15안 찬성
10, 11, 12안 반대

2개 안 찬성! Yes on 14 & 15!

#18세도_떨쳐_일어나자
#반드시_호적지로_돌아가서_투표하자
#반드시_신분증을_지참하자

2개 안 찬성, 3개 안 반대로 행복한 미래에 투표하자.
3개 안 반대, 행복 OK
10안 - 동성 결혼 금지
11안 - 초등학교와 중학교 성소수자 존중 교육 불허, 폭력과 따돌림 조장
12안 - 특별법으로 분리하여 성소수자 차별

☀ 3개 안 반대! No on 10, 11, 12!

10
11
12
14
15

☀ 베이베이지北北基를 비롯해 타오주먀오桃竹苗, 중장터우中彰投, 자난嘉南, 가오핑高屏, 이화둥宜花東에 이르기까지, 우리는 이 지역들에 풀뿌리 조직 전문가를 배치하여 자원봉사자와 상인, 민간단체를 모집했다. 평균 연령이 25세 이하인 조직 구성원들 덕분에 타이완 전역을 연결할 수 있었다.

☀ 아흔셋 고령의 춘타오春桃 할머니는 텔레비전에 나와 서른일곱 살 손녀 샤오러우小柔가 여자친구와 결혼하는 것을 지지한다고 밝혔다. "춘타오 할머니는 국수를 먹을 수 있기를 간절히 바란다"라고 쓰인 대형 광고판 속에서 할머니가 환하게 웃고 있다.

춘타오 할머니 93세.
베이터우北投 사람.

11월 24일 국민투표의 날.

어떤 가정이든 똑같이
존중받을 가치가 있다.
사랑은 지속하고, 상처는 거부한다.

유언비어는 현명한
사람에게서 멈춘다.

춘타오
정말이지 국수를 먹을 수 있으면 좋겠다!

아흔세 살의 춘타오 할머니에게는 한 가지 소망이 있다.
외손녀가 여자친구와 함께 행복한 가정을 꾸리는 것을 보는 일이다.
이 크지도 작지도 않은 요구는 정말이지 대수롭지 않은 일이다.
할머니의 소망을 이루는 일을 당신도 함께 도왔으면 좋겠다.

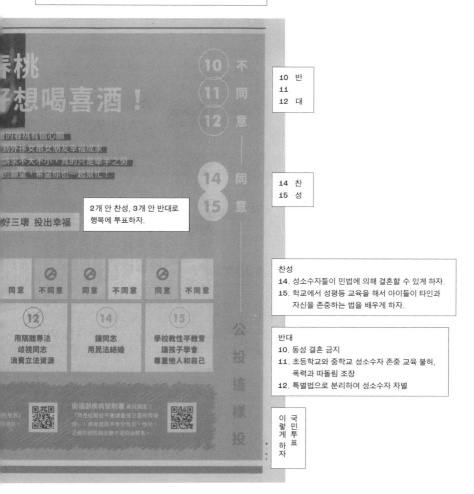

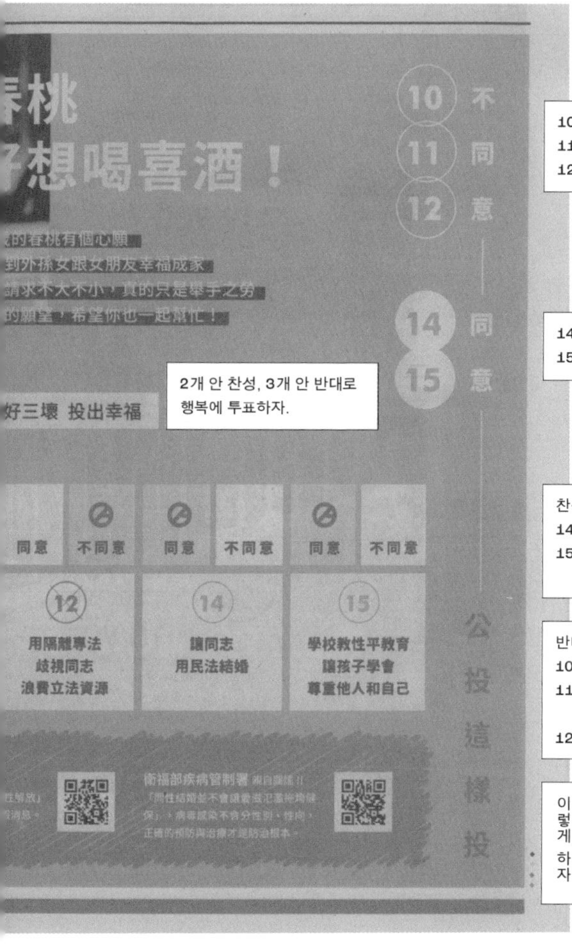

2개 안 찬성, 3개 안 반대로
행복에 투표하자.

10 반
11
12 대

14 찬
15 성

찬성
14. 성소수자들이 민법에 의해 결혼할 수 있게 하자.
15. 학교에서 성평등 교육을 해서 아이들이 타인과 자신을 존중하는 법을 배우게 하자.

반대
10. 동성 결혼 금지
11. 초등학교와 중학교 성소수자 존중 교육 불허, 폭력과 따돌림 조장
12. 특별법으로 분리하여 성소수자 차별

국민투표 이렇게 하자

교육부가 나서서 명명백백 밝힌 내용!!
"초등학교에서 성적 만족을 가르치고,
중학교에서 성 해방을 가르친다"는 것은 가짜 뉴스입니다.
온라인에 떠도는 가짜 정보를 가볍게 믿지 맙시다.

보건복지부 질병관리본부의 허위 정보 바로잡기!!
"동성 결혼은 에이즈의 범람과 건강보험의 붕괴를 야기하지 않는다."
바이러스 감염은 성별과 성적 지향을 구분하지 않으며
올바른 예방과 치료만이 문제를 근본적으로 해결하는 방법이다.

2018년 11월 24일,

이날 밤……

어떤 상황에서든 우리는 함께다.
이 거대한 우주에서 당신은
혼자 고립된 사람이 아니다.

#개표_날의_밤

#비록_미래는_아직_오지_않았지만

#우리는_함께_전진한다

20

19

2019년 초 빅플랫폼은 지난해 말의 국민투표 결과로 인한 후유증을 완화하는 일에 집중해서 쉴 새 없이 달렸다.

사회 전반의 분위기는 성소수자 단체를 지지하는 것처럼 보였지만, 반대 단체가 투입하는 자금을 당해내기에는 역부족이었다. 성소수자 커뮤니티에서 자해를 하거나 목숨을 버린 이들의 소식이 심심치 않게 들려오는 가운데 우리는 커뮤니티 사람들을 위로하고 전문가에게 도움을 청하는 쪽으로 노력을 기울였다. 이와 동시에 민법으로 안 된다면 다른 해결 방안은 무엇일지 찾기 위해 정치적인 로비 활동 역시 계속 벌여나갔다.

우리는 눈물을 훔치고, 앞에 놓인 길을 계속해서 걸어 나가야 했다.

행정원의 쑤전창 원장은 여러 방면에서 압박을 받는 가운데서도 2월 21일 「사법원 석자 제748호 해석 시행법」이라는 동성 결혼 특별법 초안을 내놓으며 성소수자의 권익을 보장하겠다는 정부의 의지를 표명했다. 빅플랫폼은 국회의 동의를 이끌어내기 위해 국회의원에게 수시로 전화를 하거나 직접 찾아가 만났다. 또한 온라인 캠페인을 벌여 네티즌과 함께 국회의원의 페이스북에 댓글을 달아 진실한 민의가 무엇인지 알렸다.

우리는 플래시몹, 기자 회견, 소셜 미디어 홍보, 득표수 추정, 자신 있게 소리치기 등 할 수 있는 모든 일을 다 했지만 언제나 뭔가 부족하다고 느꼈다. 정말이지 기대가 되면서도 또다시 상처를 받을까 두렵기도 한 나날이었다. 결전의 시간은 점점 다가왔다.

마침내 5월 17일이 도래했다. 장대비가 쏟아졌지만 빗속에 선 사람들은 결의에 찬 눈빛으로 "표결에서 질 수 없다"라며 마음속에서 우러나오는 말을 큰 소리로 외쳤다. 성소수자들이 서로를 위해, 더 많은 생명을 위해 버텨낼 수 있기를 바라는 마음이었다. 불안과 긴장, 슬픔, 기대가 스크린에 떠오르는 법안 조항 하나, 또 하나와 함께 너울댔다. 하나둘씩 불이 들어왔고, 우리는 줄곧 품어왔던 신념이 현실이 되었다는 것을 믿을 수가 없었다. 터져 나오는 눈물 속에서 우리는 서로를 부둥켜안았다. 아, 진짜로 통과되었구나. 마침내 우리는 결혼할 수 있게 되었다.

마지막 순간에 날씨가 개면서, 좀 상투적이지만 그래도 말해보자면 "정말이지 우리의 마음과 같았다!" 무지개마저 뜬 이날이 바로 성소수자들을 축하해야 할 날이 아니라면 무엇이겠는가! 입법원 앞에 서 있던 5만 명이 넘는 사람들이 질퍽거리는 진흙탕 길을 무릅쓰고 앞으로 걸어 나와 흠뻑 젖은 채 역사적인 순간을 함께 맞이했다. 동성결혼특별법이 입법원의 삼독을 통과하는 순간을 다 같이 지켜보았다. 몇몇 연인은 퍼붓는 장대비 속에서 영원한 사랑을 약속했다. 오랜 세월 함께 지내온 그들에게 부족한 것은 단지 종이 한 장뿐이었다. 아, 진짜로 통과되었구나. 그들은 정말로 결혼할 수 있게 되었다.

집으로 돌아온 후에는 여전히 밥을 먹고, 사랑하고, 씻고, 싸우고, 화해하는 일상이 반복되지만 그 일상은 좀 더 떳떳하고, 당당하고, 따뜻하고, 부드러워질 것이다. 마침내 우리는 "우리한테 줄 훙바오, 이제 준비하라고!"라고 말할 수 있게 되었다.

5월 24일 동성결혼특별법이 시행된 첫날, 태양이 하늘 높이 걸려 결혼하기에 딱 좋은 날씨였다. 빅플랫폼은 타이베이와 가오슝에서 합동결혼식을 진행했다. 이와 더불어 타이베이 시정부의 민정국과 함께 '행복 출발선 Wedding Party'를 열었다. 이 행사를 통해 함께 산 지 10년이 된 천쉐陳雪*와 자오찬런早餐人, 뜨거운 사랑에 빠진 옌스시厭世姬**와 젠리잉簡莉穎이 마침내 혼인 신고를 마친다. 이날 500여 쌍의 동성 커플이 서로의 배우자를 적는 칸을 채웠다. 서로 사랑하는 이처럼 사소한 일이 이제 정말로 확정적인 일이 되었고, 동성 결혼은 마침내 비 온 뒤 맑은 날을 맞이했다.

#협상에서_물러설_수_없다

#표결에서_질_수_없다

#한_사람도_빠져서는_안_된다

#비_온_뒤_맑음

#행복의_출발선

#타이완_동성_결혼_원년

*　타이완 퀴어 문학의 대표 작가이며, 동성 결혼 법제화까지 10년간의 부부 생활을 기록한 『같이 산 지 십 년』이 한국에 번역 출판되었다.

**　마케팅 회사의 프로젝트 매니저이자 일러스트레이터. 최근 몇 년 사이 타이완 젊은이들 사이에서는 '염세厭世'라는 단어가 유행하고 있는데, 이는 자본의 불평등한 분배, 치솟는 집값과 물가, 저임금과 높은 실업률 등으로 현실과 미래에 염증을 느끼는 심리 상태를 반영한 것이다. 옌스시는 그러한 감정을 표현한 만화를 페이스북에 올려 인기를 끌다가 『염세 동물원』이라는 그림책을 출간했다. 풍자와 블랙 유머로 가득 찬 그의 그림은 생활 속 소소한 잡감부터 시사와 사회적 이슈까지 아우르며 공감을 이끌어내고 있다.

1.16
"행정원의 쑤전창 원장이 748의 헌법 마지노선을 지켜주기를 기대한다: '결혼'이야말로 헌법과 실제 요구에 부합하는 동성 결혼 법안이다"라는 기자 회견을 연다.

1.23
"국민투표 원년 이후의 다음 행보: 동성 결혼 법안에 집중해서 타이완을 무지개가 넘실대는 곳으로 일구자"라는 성명서를 발표한다.

1.31
'당신의 성소수자 친구 응원하기, 멈춰 서서 보고 들어야 할 8대 중점 사항'이라는 온라인 응원 활동을 전개한다.

2.11
'밸런타인데이, 성소수자도 합법적으로 결혼하고 싶다! 입법원 소셜 미디어에 댓글 남기기'라는 온라인 캠페인을 벌인다.

2.20
쑤전창 원장은 동영상을 통해 온 국민이 힘을 합쳐 타이완을 '서로 존중하고 우호적으로 대하는' 나라로 만들자고 요청하면서 자신의 생각이 바뀐 경험을 공유한다. 단체들은 그에 호응하여 "헌법에 부합하면서 평등한 동성 결혼 법안을 만들어 화합과 존중으로 다원화된 사회를 구축할 수 있기를 기대한다"라는 성명서를 낸다. 그런 다음 온라인을 통해 지지자들을 모아 헌법에 합치하는 동성 결혼 특별법을 지지하자는 캠페인을 벌인다.

2.21
행정원은 「사법원 석자 제748호 해석 시행법」의 초안(후에 동성결혼특별법이라 부른다)을 통과시켜 입법원으로 보내고 심의를 기다린다. 단체들은 공동으로 '행정원이 제안한 초안의 세 가지 지점에 관한 결혼평등권빅플랫폼의 성명'이라는 성명서를 발표한다.

3.5
동성결혼특별법 초안이 일독을 통과한다. 빅플랫폼은 「사법원 석자 제748호 해석 시행법」이 입법원 일독을 통과한 것에 호응하여 "입법원이 큰 걸음으로 전진하여 원만한 해결로 사회적 분쟁을 해소할 수 있기를 희망한다"라는 성명서를 발표한다.

3.12
국민당의 라이스바오賴士葆 국회의원이 「국민투표 제12안 시행법」(동성공동생활법)을 발의한다. 이에 대응하여 빅플랫폼은 "초안 서명을 철회할 것을 요구한다"라는 내용의 온라인 캠페인을 벌인다.

2019

3.14
타이완 성소수자 가족권익촉진회는 빅플랫폼의 지원을 받아 "라이스바오 국회의원은 제안을 철회하여 성소수자 가정이 타이완 사회에 통합될 수 있게 해달라"라는 내용의 기자 회견을 열고, 라이스바오 의원에게 최대한 빨리 초안 서명을 철회할 것을 요구한다.

3.15
빅플랫폼은 「국민투표 제12안 시행법」이 입법원 일독을 통과한 것에 대해 "각 당의 국회의원은 위헌적인 법안을 지지하지 말고, 사법원이 넘겨준 동성 결혼을 위한 법 개정을 신속히 완성할 것을 호소한다"라는 성명서를 발표한다.

3.16
'바람을 거슬러 날다: 무지개 말뚝 워크숍'이라는 이름으로 정치적 로비 활동을 위한 자원봉사자를 모집하고 교육하는 일을 타이완 전역에서 시작한다.

4.2
온라인으로 "휴가마저도 동원하자! 국회의원들에게 행정원이 제안한 동성 결혼 법안을 지지해달라고 요구하자"라는 캠페인을 전개한다.

4.15
'524개의 축복+1'이라는 온라인 축복의 말 남기기 캠페인을 전개한다.

4.19
"민법 개정이 어린아이 장난인가? 동성애 반대 단체는 국회를 협박하고 헌법을 무시하는 행동을 중단하라"라는 성명서를 발표한다.

4.24
"결혼 평등권은 경제성장을 촉진할 것이다. 우리 23개 기업은 타이완이 다양성과 융합이라는 가치를 통해 세계로 뻗어나가기를 희망한다"라는 성명서를 발표한다. 이는 타이완 최초로 다국적 기업들이 모여 결혼 평등권을 위해 한목소리를 낸 것이다.

4.30
"결혼은 일국양제一國兩制가 아니다. 자녀들이 누릴 최선의 이익을 지켜주자"라는 공동 기자 회견을 연다.

5.2
민진당의 린다이화林岱樺 국회의원이 제안한 「사법원 석자 제748호 해석 및 국민투표 제12안 시행법」 초안이 이독을 통과할 것이라는 소식이 들린다. 누군가 그 초안에는 동성 관계를 무효화할 수 있는 조문이 포함되어 있어 차별이 현실화할 수 있다고 주장한다. 이 때문에 단체들은 “성소수자 가정은 더 이상 물러설 곳이 없다. 국회의원들은 헌법에 합치하는 법안을 지지해달라”라는 공동 성명서를 발표한다.

5.6

“일선의 50개 예식업체들이 새롭게 출발하는 성소수자를 축복한다”라는 성명서를 발표한다.

5.8

40여 개의 성소수자 가정이 입법원 앞에서 “부부 두 사람이 공동으로 법적 후견인으로 인정받지 못해 아이들의 인권이 통째로 내팽개쳐져 있다”라는 공동 기자 회견을 연다.

5.16

‘5월 17일 한 사람도 빠져서는 안 된다!’라는 거리 플래시몹을 펼친다.

5.14

“입법원 협상, 협상에서 물러설 수 없다!”

결혼 평등권 비상 동원령, 칭다오둥로에서

동성 결혼을 보장하라는 사법원의 해석이 나온 뒤부터 국민투표 실패로 어쩔 수 없이 특별법 제정을 추진하기까지 결혼 평등권 쟁취를 위해 멀고도 험한 길을 걸어왔다. 「사법원 석자 제748호 해석」이 규정한 2년 기한을 마침내 지척에 두고 있다. 최종 시한을 앞에 두고 입법원은 2019년 5월 14일 동성 결합, 동성 반려자, 동성 결혼에 관한 특별법 초안에 관해 조목조목 여야 협상을 진행한다. 결혼평등권빅플랫폼이 내린 비상 동원령에 수천 명의 지지자가 눈물을 닦고 찢어진 마음을 추슬러 다시 입법원 바깥의 칭다오둥로로 결집한다. 이들은 “결합은 결혼이 아니며, 타이완의 결혼이 일국양제가 되어서는 안 된다”라고 목소리를 높이며, 결혼 평등권을 지지하는 국회의원들에게 “협상에서 물러설 수 없다”라고 호소한다. 행정원에서 내놓은 「사법원 석자 제748호 해석 시행법」 특별법 초안이 절충의 마지노선이다. 우리는 결과가 어떻게 나올지 모르지만, 그저 이번에는 더 이상 상처받지 않기만을 바랄 뿐이다.

2019

5.17

"최종 표결, 표결에서 질 수 없다!"

결혼 평등권 비상 동원령, 다시 칭다오둥로에서

여야의 협상 사흘 뒤 「사법원 석자 제748호 해석 시행법」은 입법원 원회의 삼독 과정으로 넘어가고, 장내의 여야 각 당은 일제히 국회의원들을 동원하여 싸울 태세에 돌입한다. 3만 명이 넘는 지지자들이 다시 칭다오둥로에 결집하여 역사적인 순간을 함께 목격한다. 네 시간이 넘도록 조목조목 표결한 끝에 입법원의 쑤자취안 원장이 오후 3시 27분 의사봉을 두드리며 「사법원 석자 제748호 해석 시행법」이 삼독을 통과했음을 선언한다. 이에 타이완은 아시아에서 최초로 동성 결혼을 법제화한 국가가 된다. 동성 반려자도 호적관리기관에 결혼 신고를 할 수 있다고 명시한 제4조 조문이 다수결로 통과되자 현장에서는 삽시간에 우레와 같은 환호가 터져 나오고, 많은 사람이 서로 부둥켜안은 채 기쁨의 눈물을 흘린다. 이는 수많은 동성애자들이 셀 수 없이 많은 날을 기다려온 평생의 염원이다. 2019년 5월 17일 '국제 동성애 혐오 반대의 날'에 타이완은 새 역사를 썼고 동성애자들은 마침내 결혼할 수 있게 된다.

5.24

"524개의 축복+1" 동성애자들의 합동결혼식

타이베이와 가오슝의 호적관리사무소에서

2019년 5월 24일 「사법원 석자 제748호 해석 시행법」이 정식으로 발효되면서 동성 커플은 오늘부터 호적관리사무소에 가서 이 특별법에 의거해 혼인 신고를 할 수 있다. 이날 아침, 동성 커플 샤오밍小銘과 샤오쉬안小玄은 분홍색 커플룩 정장을 차려 입고, 타이베이시 신이信義구에 위치한 호적관리사무소에 나타나 가장 먼저 혼인 신고를 마친다. 신고에 앞서 두 사람은 많은 사람이 지켜보는 가운데 달콤하게 입을 맞추고 8시 38분에 절차를 마무리한다. 수년간 성소수자의 인권을 위해 싸워온 치자웨이 역시 현장으로 달려와 축하한다. 이 특별한 날에 결혼평등권빅플랫폼은 신이광장에서 파티를 연다. 새롭게 출발하는 동성 커플들이 친지와 지인의 축복 속에 손을 잡고 입장하자 많은 사람이 기쁨에 눈시울을 붉히고 현장은 기쁨과 감동으로 너울댄다. 이날 타이완 곳곳에서는 수많은 남편과 남편, 아내와 아내가 오랜 세월 기다려온 결혼을 마침내 이루고, 손을 잡은 채 백년해로를 약속한다.

(다른 형태가 아닌) '배우자'여야만 둘 다 이기는 것이다.

결혼에 절충이란 없다.

쑤전창 원장이 748의 헌법
마지노선을 지켜주기를 기대한다.
'결혼'이야말로 헌법과 실제 요구에
부합하는 동성 결혼 법안이다.
ㅡ젠더 단체 연합 기자 회견

성소수자는 특권을 요구하는 것이 아니다.
성소수자 가정에 살길을 달라.
성소수자 가정은 물러설 길이 없다.
결혼이 보장되어야 완전해진다.
국회의원들은 법안을 철회하여
성소수자가 결혼할 수 있게 하라.

자녀를 지키는 일이 가장 큰 이익이다.
결혼은 일국양제가 되어서는 안 된다.
행복은 모두 다 같다.

☀ 2019년 「사법원 석자 제748호 해석」에서 정한 기한인 2년 만기를 앞두고 반대 단체에서는 마침내 자신들이 말하던 '특별법'을 제시한다. 그것은 '결혼'이라는 두 글자를 뺀, 함께 살지만 '결혼'은 할 수 없는 특별법이었다. 성소수자 단체들은 국회 사무처를 뻔질나게 드나들고 크고 작은 기자 회견을 열어 헌법 해석의 마지노선을 지켜달라고 호소했다. 법안에 반드시 '결혼'이라는 두 글자가 들어가야 한다고 말이다. 또한 특별법에 대응해서 "결혼은 일국양제가 되어서는 안 된다"라는 주장을 제기했다. 이 말은 훗날 중요한 요구 사항이자 집회에서 손에 든 구호가 된다. 이와 동시에 동성 가정과 그 가족, 자녀들의 권익이 공방전의 새로운 주제가 되고, 우리는 '결혼'과 '입양'이 가능해지는 것이야말로 동성 가정 아이들을 가장 잘 보호하는 길이라는 주장을 전개했다.

☀ 같은 해 5월 14일과 5월 17일에 동성 결혼 법안을 심의하는 마지막 단계에 이르렀다. 이 두 날에 5만 명이 넘는 사람이 칭다오둥로에 모여 입법원을 향해, 또한 우리 자신을 향해 외쳤다.

"협상에서 물러설 수 없다."

"표결에서 질 수 없다."

행정원이 제안한 법안을 지지한다.
우리는 결혼을 원한다.
5월 17일 국제 성소수자 혐오 반대의 날

☀ 2019년 5월 14일에 "협상에서 물러설 수 없다"라는 주제로 칭다오둥로에서 집회를 열었다. 국회의원들은 '동성 결혼', '동성 반려자' 또는 '동성 결합' 등의 표현에서 의견 일치를 보지 못한 채 우선 정당 간의 단체 협상에 들어간다. 하지만 성소수자들의 입장에서는 '결혼' 두 글자만큼은 물러설 수 없었다. 우리는 사흘 뒤인 5월 17일에 다시 거리로 나와 최후의 마지노선을 지켜내자고 호소하는 수밖에 없었다.

결합 ≠ 결혼
일국양제를 원하지 않는다.

협상에서 물러설 수 없다!!
표결에서 질 수 없다!!

☀ 이곳은 민주주의와
다양성이 공존하는 사회다.

전통 결혼을 지켜내자.
동성 결혼에 반대한다.
766만 명의 민의를 무시하지 말라.

나는 결혼 평등권을 지지한다.

5월 17일 한 사람도 빠져서는 안 된다.

☀ 2019년 5월 16일, 우리는 충샤오시로忠孝西路의 육교와 입법원 앞에서 글자가 쓰인 하얀 천을 들고 플래시몹을 벌였다.

성소수자들은 이제 더는 물러설 곳이 없다.

표결에서 질 수 없다.
행정원에서 제안한 748을 지지한다.

☀ 2019년 5월 17일, 다시 칭다오둥로에 모였다. 3년 반 동안 평등권 쟁취를 위해 길거리에서 함께 고군분투하던 우리는 마침내 법안을 표결하는 날을 맞았다. 이른 아침 뿌옇게 흐린 하늘에서는 이내 비가 쏟아질 기세였지만, 아침 9시도 안 된 시각 만 명이 넘는 사람이 입법원이 있는 칭다오둥로에 모여 "표결에서 질 수 없다"라고 소리 높여 외쳤다. 그렇게 우리는 회의장에서 투표하는 국회의원들에게 여기 모인 우리 모두가 타이완이 더 평등한 사회로 한 걸음 내딛는 것을 지지하고 있음을 알리고자 했다.

☀ 법안 표결에 앞서 토론이 이루어졌고, 이어서 조항 하나하나에 투표 버튼을 누르는 길고 긴 과정이 이어졌다. 아침 9시 회의가 시작될 때 먹구름이 끼기 시작한 하늘은 표결이 진행될 무렵 거센 빗줄기로 바뀌었다. 사람들은 우산을 든 채 표결 숫자를 뚫어지게 바라보았다. 이들이 지키고자 한 것은 우산 아래의 자신이 아니라, 다른 사람들처럼 결혼할 수 있는 미래였다.

표결에서 질 수 없다.
입법원을 지켜 지지하는 국회의원에게 힘을 주자.

表決不能輸

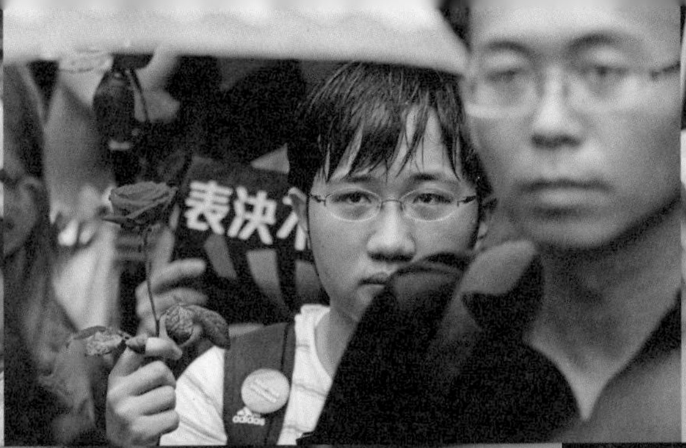
表決不

能輸

能輸
不能輸

☀ 법안 전문이 삼독을 통과했음을 알리는 의사봉 소리가 울려 퍼진 날은 마침 국제 동성애 혐오 반대의 날이었다. 타이완은 이날 아시아에서 최초로 동성 결혼 법안을 통과시킨 국가가 되었다.

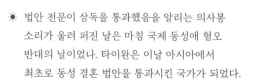

在這個巨大的宇宙
我支持
婚姻平權

☀ 장대비가 그치고 맑게 갠 하늘에 무지개가 떠올랐다.
이날의 하늘은 우리의 마음처럼 비가 내리다가 맑게 개었다.

아침에 갑자기 비가 오는 바람에
다들 고생 많았어요.

비바람에 오히려
자신감이 생기네요!!
다 같이 힘내요!!

젖었으면 얼른 닦아요.
감기 안 걸리려면.

오늘 다들 고생 많았어요.
함께 이 고비를 넘어봐요!

20조와 24조도 통과됐어요.
다들 축하해요!

울먹이는 못생긴 모습 모두에게 공유합니다.

정말이지 잘 됐어요, 흑흑흑.

너무 울었어요!!

돌연 무지개가 떴네요.

무슨 그런 헛소리를.

무슨 이런
말도 안 되는 일이.

미안해요. 막 내뱉어서.

하지만 진짜 너무 드라마틱하잖아요.

연인에서 마침내 가족이 된 것을 축하합니다!

☀ 2019년 5월 24일, 성소수자는 마침내 결혼할 수 있게 되었다. 비바람을 맞으며 거리에서 어깨를 맞댄 채 싸우던 나날은 마침내 지나가고, 햇빛 찬란한 결혼식을 맞이했다. 사랑 가득한 핑크빛으로 물든 연인들이 서로를 부둥켜안았다. 우리는 연인들이 손을 맞잡고 백년해로를 약속하는 날이자 타이완이 전 세계를 놀라게 한 이날을 증인으로서 지켜보았다.

성소수자, 마침내 결혼할 수 있게 되다!

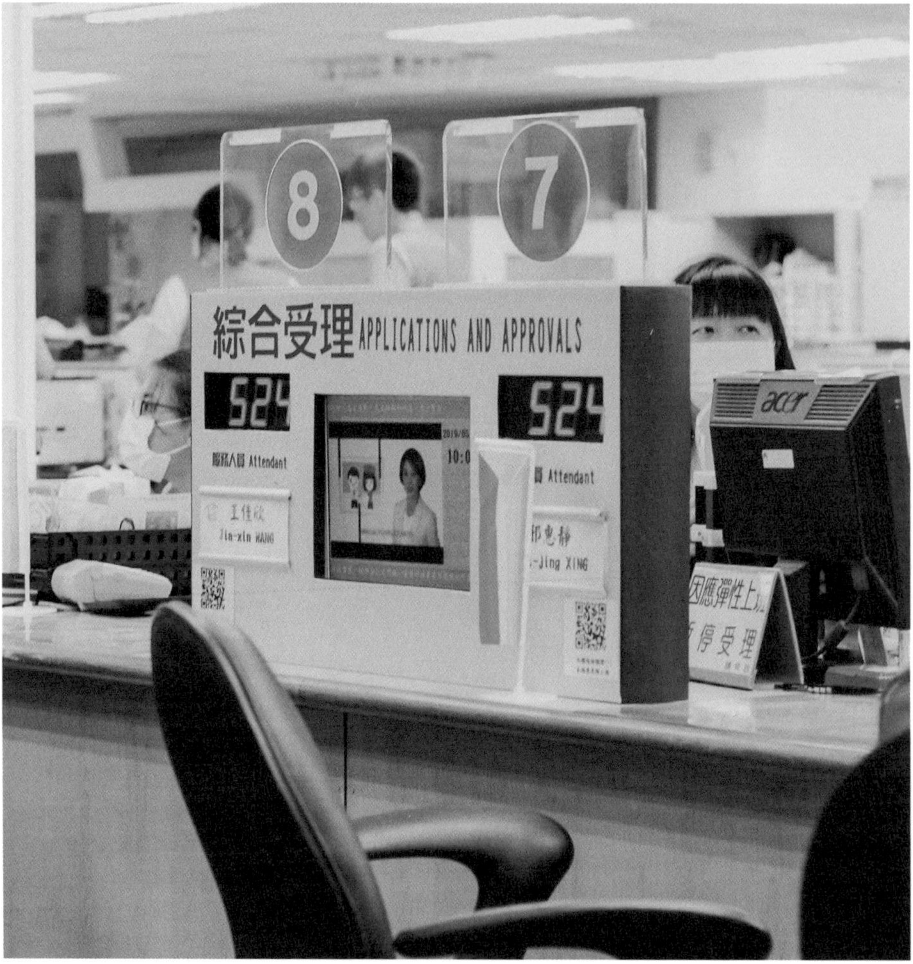

☀ 우리는 스무 쌍의 동성 커플을 합동 혼인 신고에 초대해 축하와 함께 떠들썩한 잔치 분위기를 연출했다. 타이베이시 신이로에 위치한 호적관리사무소는 모든 대기 번호를 '524'로 바꾸고 앙증맞은 무지개 깃발을 책상 위에 올려놓은 채 혼인 신고를 하러 온 동성 커플을 맞이했다.

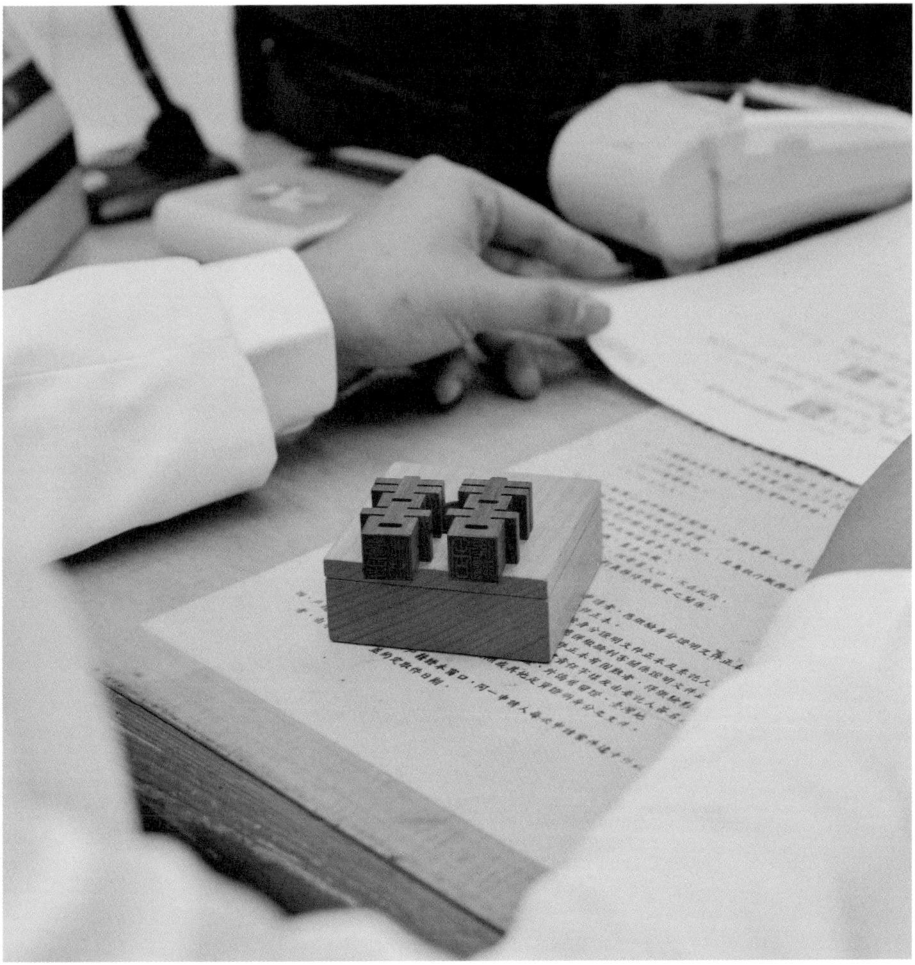

☀ 뉴욕 29번가에서

2019년 타이완의 우리는 평등권운동에서 큰 걸음을 내디뎠다. 2019년은 마침 미국의 스톤월 항쟁 50주년이 되는 해로 빅플랫폼은 뉴욕을 방문해 전시회를 열고, 행진에도 참여했다. 국제 사회는 타이완이 어떻게 앞으로 나아갔는지를 목격했고, 타이완 역시 성평등권의 다음 방향을 모색하기 시작했다.

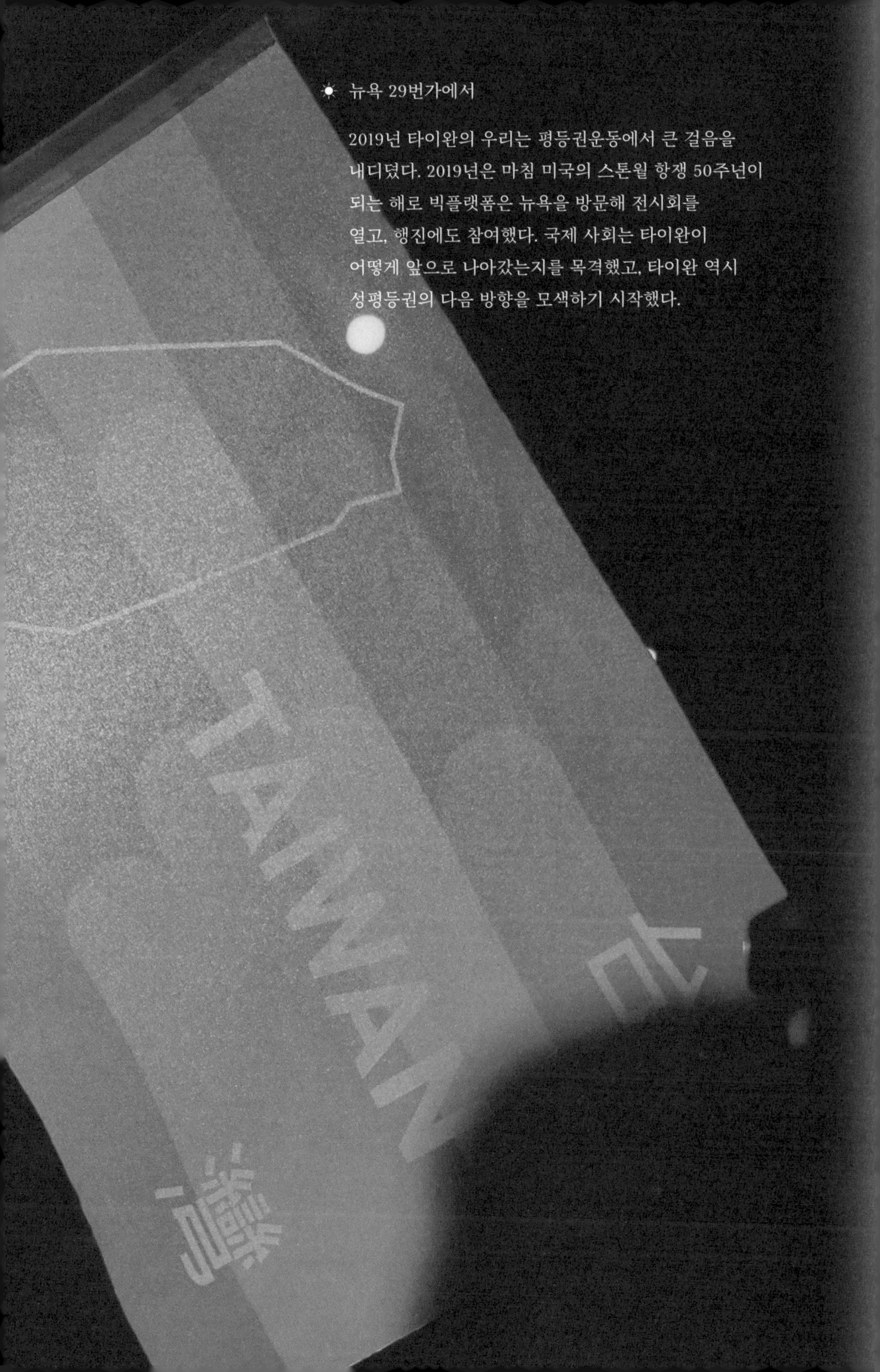

20
20

2021

2020년, 결혼평등권빅플랫폼은 정식으로 '무지개평등권 빅플랫폼'으로 명칭을 바꾼다. 이성애와 동성애가 공생하는 역사를 계속해서 써 내려가려면 스펙트럼 각각이 제빛을 발해야 하기 때문이었다. 빅플랫폼은 정치적 제안과 로비 외에도 사회와 소통하기 위한 교육과 국제 협력에 힘을 쏟는다. 연말의 국민투표를 통해 생각의 전환은 하루아침에 이루어지는 것이 아님을 깨닫고는 100만 마리 나비의 날갯짓으로 사회의 풍향을 바꾸고자 만반의 태세를 갖추었다.

평등권 입법을 위한 활동은 쉬지 않고 계속되었다. 빅플랫폼은 공동 입양 법안과 관련해 각계 관계자들과 회의를 열었을 뿐 아니라, 동성 가정들과 손잡고 게이 아버지 열다섯 쌍의 대리 임신 과정에 도움을 주었다. 또한 동성 커플의 국제결혼 개별 사례와 관련해 세 차례 조정 소통 회의를 열고, 행정 조정 절차 회의를 33회나 진행했다. 2020년 말, 공동 입양 법안 초안이 국회의원 20명의 지지를 받아 수월하게 일독을 통과했다.

성소수자가 결혼을 하려면 커밍아웃에 직면할 수밖에 없다. 결혼 휴가를 내고 결혼식을 치르는 것이 하나같이 다 도전이다. 직장 내 차별을 없애려면 삶의 이야기를 나누는 지속적인 대화와 기업 내 교육이 필수 불가결하다. 빅플랫폼은 2020년부터 2021년까지 여론의 추이를 분석하여『사회 형태 연구 조사』를 내놓았다. 이 책을 통해 직장, 학교, 사회를 막론하고 평등권이 아직 제대로 갖추어지지 않았음을 확인할 수 있었다. 동성결혼이 법제화된 후에도 무지개 시민에게 계속 거리로 나와 달라고 요청하는 것은 다른 사람을 설득하기 위해서가 아니다. 생각이 다른 사람들을 이해하고, 타이완의 현실을 보기 위해서다.

소셜 미디어로 소통하는 시대에, 더군다나 코로나19가 덮친 상황에서 빅플랫폼은 사회와의 소통을 지속하기 위해 성소수자들이 살아가는 모습을 소셜 미디어를 통해 부담 없이 보여주기로 했다. '나의 커밍아웃 시대', '동성애는 동성애, 정치는 정치?', '나는 유리 멘탈! 직장에서의 대처법' 등의 주제로 친근하고 진실한 대화를 나누며 온라인 친구들과 만났다. 〈아이 언니가 말해줄게〉라는 팟캐스트에서는 연장자의 입장에서 실연에 대한 이야기를 들려주거나, 타이완의 시각에서 세계의 성소수자 관련 이슈를 전해준다. 육체적, 심리적 문제부터 세계적인 이슈까지 다루지 않는 주제가 없을 정도로 다양한 이야기를 나눈다. 국민투표 때의 소집령과 비교한다면 오랜 시간 세심하게 지속할 수 있는 방식이라 하겠다.

30년간 성소수자권리운동을 지속하면서 활동가들은 어떤 일도 하루아침에 이루어지지 않는다는 것을 익히 알게 되었다. 동성 결혼 법제화 이후의 세밀한 소통 작업에는 더 많은 인내와 관심이 필요하다. 빅플랫폼은 앞으로도 계속해서 정부와 민간을 오가며 특별법과 동성애가 차별적인 대우를 받지 않도록 행정 서식에서 '부모', '남편과 아내'라는 표기를 수정하는 등 행정 서식 시스템을 개선하는 일부터 해나갈 것이다. 크게는 정책부터 작게는 시스템의 문제까지 모두 감독과 개선이 필요하다. 정치가 변하려면 더 많은 성소수자들이 들어와 변화의 바람을 불러일으켜야 한다. 그래서 우리는 제1회 성소수자 정치 참여 훈련 캠프를 열었다. 뜻있는 사람들과 한 걸음씩 전진하면서 지지층을 더욱 두텁게 만들어갈 것이다.

2021년 4월, 차이페이원蔡佩汶*과 그의 파트너가 보수적인 정치 집단이 지켜보는 가운데 가정을 이루었다. 이 자리에는 법무부장관 차이칭샹蔡清祥을 비롯해 조사국의 전후임 국장 세 사람이 모두 참석해 축하를 전했다. 5월에는 아구阿古와 신치信奇의 국제결혼(타이완과 마카오)이 있었는데, 이들은 타이완 반려자 권익추진연맹의 변론을 통해 타이완 동성 커플의 국제결혼에 관한 사법 소송에서 중요한 승리를 거두었다.**

아울러 음악 프로듀서 천진촨陳鎮川이 배우자와 함께 세상

* 법무부의 조사국에서 수사관으로 일하며 타이완 최초로 미국 연방수사국 훈련 과정을 수료했다. 타이완대학교 정치학과를 졸업하고 해외 MBA를 취득하는 등 좋은 학벌에 외모도 뛰어난 데다가 사격과 이종격투기, 호신술은 물론 피아노, 골프, 잠수에 능해 문무를 겸비한 재원으로 유명하다.

에 태어난 아기를 맞이하는 행복한 사진을 소셜 미디어에 올리자, 사람들은 생명의 탄생을 축복하는 한편으로 여전히 많은 동성 가정이 국제결혼, 평등한 입양 법안, 보조생식기술에 대한 평등한 접근 등을 기다리고 있음을 인식하게 되었다. 이는 이후 2년 동안 운동의 핵심 목표가 된다. 그 밖에도 타이완에서는 더 많은 이야기를 접할 수 있게 되었다. 팬데믹으로 인해 수많은 계획이 무산되어 다시 시작해야 하지만, 우리는 뭇사람이 힘을 합치면 뜻을 이루어낼 수 있음을 기억하고 있다.

전 세계를 휩쓴 코로나19로 인해 2020년 동성 결혼 1주년 기념행사가 취소되었다. 빅플랫폼은 2021년에는 무슨 일이 있어도 함께해온 사람들과 모여 축하 인사를 나누자고 다짐했었다. 2주년 행사로 예정되어 있던 집회는 결국 '무지개가 비추던 그 길을 함께 어울려 떠들썩하게'라는 제목의 온라인 행사로 대체되어 사람들은 온라인에서 만나 서로를 응원했다. 여전히 코로나19가 기승을 부리는 시기였지만 타이완 사람들의 구심력을 확인할 수 있었다. 같은 시기에 우리는 '평등권 공감 카드'라는 아이패스 교통카드를 출시해 카드를 내밀 때마다 우호적인 마음을 건네며 사랑이 일상에 정착될 수 있기를 바랐다.

** 동성 커플의 국적이 다를 경우 어느 한 나라에서 동성 결혼을 허용하지 않으면 쌍방은 타이완에서 혼인 신고를 할 수 없다는 내정부의 해석 규정 때문에 그전까지는 혼인 신고를 할 수 없었다. 아구와 신치의 결혼 이후로 소송 등을 통해 일부 혼인 신고에 성공한 사례가 있다.

코로나19가 걷잡을 수 없이 번져나가는 상황이었지만 평등권 문제의 해결을 마냥 기다리고 있을 수는 없었다. 빅플랫폼은 동성 결혼이 이성 결혼과 동일한 권리를 부여받을 수 있도록, 국적의 제한을 받지 않고 사랑의 무지개가 타이완 땅 도처에서 활짝 꽃 피울 수 있도록 법안 수정을 위해 계속 연구하고 토론하면서 정치적 제안을 이어나갔다. 동성결혼특별법 가운데 동성 배우자의 '친생 자녀'만 입양할 수 있는 조건을 변경하여 이성 가정이든 동성 가정이든 차별 없이 아이를 입양할 수 있게 되었다. 또한 미국이나 캐나다 등지로 날아가 보조생식기술을 이용해 아이를 낳던 동성 가정이 자기 나라에서 보조생식기술을 이용할 수 있도록 관련 법안의 개정을 추진하고 있다.

빅플랫폼이 중요하게 생각하는 것은 상생과 공존이 구호에 그치지 않고 실천으로 이어지는 것이다. 그 실천이 지속적으로 빛을 발해서 성소수자의 권리가 더 온전하게 보호받기를 바란다. 함께 거리로 나섰던 사람들이 이제 일상생활로 돌아가 사랑을 실천하고 있다.

지금 이 순간에도, 미래에도 무지개 깃발은 언제나 펄럭일 것이다.

동성 결혼 법안이 통과되는 과정에서

|

법안의 진척을 위해 노력한 국회의원, 묵묵히 사회를
변화시킨 정치인의 보좌관, 다양성을 받아들인
성소수자 목사, 커밍아웃한 자녀의 부모를 온화하게
감싸 안으며 설득하는 운동가, 힘껏 지지를 표명하고
나선 공인, 최선을 다한 일선의 자원봉사자들.

|

많은 사람이 우리와 어깨를 나란히 하고 함께 걸었다.

2부

국회의원이 해야 할 일

유메이뉘尤美女

당시 민진당 비례대표 국회의원이었고
지금은 변호사로 일한다.

쉬위런許毓仁

당시 국민당 비례대표 국회의원이었고
지금은 타이완위산과학기술협회
비서장으로 있다.

유메이놔와 쉬위런이 국회의원이었을 때 그들의 사무실이 우연히도 같은 층에 있어 둘은 툭하면 엘리베이터 앞에서 마주쳤고, 다음과 같은 도돌이표 대화를 했다.

"당신네 국민당은 지금 어떤 상황이에요?" (웃음)

"몰라요."

"민진당은 어떤데요?"

"저도 몰라요."

이 대화는 두 사람이 동성 결혼 법제화를 추진할 때 얼마나 변방에 있었는지를 보여준다. 2019년 5월 입법원은 「사법원 석자 제748호 해석 시행법」을 의결할 예정이었는데, 이 투표에 앞서 유 의원은 민진당의 모든 협상에서 배제된다.

"그들이 든 이유는요, 어차피 내가 무슨 말을 할지 다 알아서라고 해요. 내가 상대방과 충돌할까 봐 우려했던 것 같아요."

상당히 오랜 시간, 지역구 의원들은 수시로 유 의원을 붙들고 "유 의원, 내가 당신 때문에 괴로워 죽을 지경이에요"라고 하소연을 했다.

쉬위런이 처한 상황도 별반 나을 게 없었다. 정치에 갓 입문한 초년생이었던 쉬 의원은 "목소리를 내지 마라. 당의 입장이 아닌 것에 투표하지 마라. 싸우지 마라"라고 하는 당내 중진들의 압박에 시달렸다. 표결 전날에도 그 같은 전화를 받는다.

"발언하지 말라는 충고를 들었죠. 하지만 그래도 투표 전에 연단에 올라 목소리를 냈어요. 연단에서 내려오니 옆에 있던 국회의원이 '내가 올라가서 발언하지 말라고 하지 않았어?' 라고 하더군요. 그 뒤 그 의원은 제가 찬성 버튼을 누를 때마다 불같이 화를 냈어요."

이 일을 회상하면서 쉬 의원은 누군지 알고 싶으면 인터넷에서 직접 찾아보라고 너스레를 떨었다.

인권 쟁취의 길에서 30년째 맞는 역풍

동성 결혼을 지지하기 위해 두 사람은 기꺼이 미움받을 용기를 낸다. 유 의원은 여성운동 경력이 있었고, 그것이 끝까지 견뎌낼 수 있게 하는 절대적 버팀목이 되어주었다.

"여성운동에 참여한 뒤로 자신감이 생겼고 더는 남들의 시선에 아랑곳하지 않게 되었어요. 제가 중요하게 생각하는 건 자신의 행동이 옳은가 그른가이고, 또한 그 행동에 스스로 책임을 지는 것입니다."

1980년대에 여성자각재단에 들어간 뒤 유 의원은 거칠 것 없이 내달리며 승전보를 알린다. 고용에서의 성평등과 자녀의 성본 변경 관련 법규의 개정 이면에는 유 의원의 노력이 고스란히 스며들어 있다.

유 의원은 국회에 들어온 뒤로 모든 화력을 내뿜으며 가사사건법家事事件法, 부부재산제, 간통죄 폐지를 추진한다. 그 과정이 험난할수록 "천만의 적이 있더라도 나는 갈 것이다雖千萬人吾往矣"(『맹자』)라는 자세로 더욱 박차를 가했다. 유 의원이 동성 결혼 법제화를 위한 민법 개정안을 처음 제안한 것은 2012년이고, 그것은 7년이 지난 2019년에 특별법의 형식으로 통과된다. 7년간 이어진 그 길의 곳곳에서 암초를 만나 낙담할 때가 한두 번이 아니었지만 포기하겠다는 생각은 추호도 하지 않았다.

"제가 여성운동을 한 지가 30년이 되었는데요. 여성의 권익과 관련 있는 법안은 뭐가 됐든 거의 10년이 걸리더라고요. 게다가 죄다 사건이 하나 터져서 누군가 죽거나 다치는 상황이 되고 나서야 통과되더군요."

유 의원은 '민법 친족편 자녀 성씨 조문 개정안'을 예로 들었다. 수년 동안 추진한 끝에 2007년이 되어서야 법이 개정되어 자녀가 아버지의 성을 따를 것인지, 어머니의 성을 따를 것인지 부모가 서면 약정할 수 있게 되었다. 해당 법은 2010년에 다시 개정되어 성인이라면 자기 뜻에 따라 성을 바꿀 수 있게 되었다.

"당시에는 성씨 하나를 바꿀 수 있게 하는 것만으로도 온갖 욕설을 다 들어야 했어요. 언론 보도가 무차별적으로 난사되었고요. 인류학자와 성명학자, 기자가 일제히 득달같이 달려들어 칼럼을 통해 우리를 욕했어요. 하지만 2년 남짓 지나 2010년에 성인이라면 누구나 자신의 성을 바꿀 수 있게 법을 다시 고칠 때는 어떤 반대의 목소리도 나오지 않았어요."

변화를 향한 첫걸음은 언제나 두려운 법이다. 그러나 유 의원은 거대한 구조에 균열을 낼 때 뒤따르는 반발에 익숙한 편이라 방향만 옳다면 역풍을 맞는다 해도 뚝심 있게 나아간다.

잃을 게 없는 것이 강점이다

쉬위런은 보수 정당에 뛰어든 정치 신인으로 어떤 사회운동 배경도 없다. 그런 그가 왜 동성 결혼 법제화를 위해 목소리를 냈을까? 쉬 의원은 행정원 청년자문위원회에서 일할 때를 언급하며, 아마도 자신이 마오즈궈毛治國 전 행정원장의 눈에 띄어 비례대표 명단에 들어갔기 때문인지도 모른다고 했다. 쉬 의원이 비례대표 제안을 받아들인 건 자신은 그저 명단을 채우는 역할에 지나지 않을 거라 여겼기 때문이다. 비례대표 명단이 발표되었을 때 5순위로 '축 당선'을 받게 될 줄은 전혀 몰랐다.

쉬위런이라는 인물은 유 의원조차 깜짝 놀랄 만큼 정치적 정체성을 가늠하기 어려운 존재였다.

"그가 국회의원이 되기 전부터 우린 아는 사이였는데요.

제가 아는 쉬위런이라면 민진당의 비례대표 후보자 명단에 올랐어야 하는데, 어쩌다 국민당으로 갔을까 하면서 얼마나 의아했는지 몰라요." (웃음)

유 의원은 설마 내가 사람을 잘못 봤나 하고 자기 의심에 빠지기도 했다. 쉬위런은 민진당에서는 자신을 찾아오지 않았다고 우스갯소리로 말했다.

"어차피 저는 본래 정치색이 없었어요. 국민당 같은 보수 정당에서 다른 목소리를 낸다면, 어쩌면 균열을 낼 수도 있지 않을까 싶었어요. 국회의원으로 일하는 동안 여러 의제에서 두 당을 잇는 가교 역할을 할 수 있다면 그것도 괜찮겠다 싶었죠. 바로 이런 이유로 거기 들어가 일하겠다고 한 것이죠."

쉬 의원 역시 진보적 사상을 가진 사람들에게서 의심의 눈초리가 쏟아지리라 예상했다.

"하지만 저는 행동으로 보여주고 싶었어요. 제가 어떤 일들을 했는지 시간이 지난 뒤에 봐주었으면 했어요."

쉬 의원은 어차피 정치에 뛰어든 것은 계획에 없던 일이라 잃을 게 없다고 생각하고, 4년의 임기 동안 국가가 자신이 생각하는 이상적인 모습에 더욱 다가갈 수 있도록 노력해보자고 다짐했다.

2016년 국회의원이 되었을 때 쉬 의원은 마침 도도하게 일던 결혼평등권운동의 물결과 만난다. 다양성을 포용하는 쇄신파로서 성소수자의 권리를 지지하는 것은 그저 자연스러운 일로 다가왔다. 그러던 중에 한 출장을 계기로 성소수자가 처한 곤경을 한층 더 이해하게 된다.

“그날 한 동료가 비행기 안에서 제게 자신이 레즈비언이라고 밝혔어요. 가족에게는 그 사실을 말하지 못한 채 심한 내적 갈등을 겪고 있다고 했지요. 또한 사회의 냉담한 시선도 맞닥뜨려야 했고요. 사실 그 한 번의 경험이 제게 큰 영향을 미쳤어요. 국회의원이 된 뒤로 저는 우리 100여 명의 국회의원에게 역사를 바꿀 수 있는 권력이 있다면, 당연히 기꺼이 그렇게 해야 한다고 생각했어요.”

쉬 의원은 먼저 국가 정책을 논하는 포럼에서 “타이완이 아시아 최초로 동성 결혼을 법제화하는 국가가 되었으면 한다”라는 폭탄 발언으로 파문을 일으키고는, 한 걸음 더 나아가 국민당 내에서 동성 결혼을 위한 민법 개정안을 추진한다.

당시 유 의원은 사법 및 법제위원회의 소집위원으로서 위원회의 의사일정을 결정할 권한을 가졌지만, 집권당 국회의원으로서 대승적 차원을 고려해야 했으므로 일을 추진하는 과정에서 쉬 의원만큼 운신의 폭이 넓지 않았다.

“당시 저는 유 의원과 손발이 척척 맞았어요. 여와 야로, 당은 서로 달랐지만 각자 역할을 나누고 자기가 맡은 바를 충실히 수행했어요.”

국민당의 고독한 신참이었던 쉬 의원은 자신의 역할을 긴 여정의 총알받이로 설정한다.

"저는 현행 민법을 수정하는 개정안을 내놓았어요. 그것도 가장 진보적인 버전으로요. 돌격하는 역할을 맡았다고 할 수 있지요."

보수당 의원이 어떻게 집권당 사람들보다 더 진보적일 수가 있을까? 쉬 의원은 자신의 그런 모습이 집권당을 압박하는 카드로 작용하길 바랐다.

각자 맡은 바 최선을 다하여 저항을 돌파하다

당내 중진 의원들은 쉬 의원을 대수롭지 않게 여겼다.

"당내 의원들에게 서명을 받으러 초안을 가져가면 하나같이 다 서명을 해주었어요. 아마 저를 철없는 어린아이로 여기고, 어차피 이 안은 상정되지 못할 거라 생각했겠죠. 하지만 저는 운 좋게도 왕진핑王金平 같은 중진 의원을 비롯해서 10명 남짓의 의원에게 서명을 받아냈어요. 그들은 아마 자기가 무엇에 서명했는지조차 몰랐을 겁니다." (웃음)

2016년 말 유 의원과 쉬 의원, 그리고 시대역량이 각기 다른 민법 개정 초안을 내놓았다. 쉬 의원의 법안은 이렇게 이러저러한 우연 속에서 탄생했다.

두 의원은 2016년 11월 17일 법안을 심의하던 당시의 상황을 회상했다. 그날 유 의원은 의장용 단상에 앉았다. 국민당은 법안 심의 절차를 진행하기 전에 먼저 30회의 공청회를 열 것을 요구하더니 상황이 여의치 않자 단상으로 뛰어들어 난투극을 벌였다.

“저는 서둘러 성소수자 단체에 연락해서 의견을 나누었어요. 다들 단호하게 단 1회의 공청회도 열 수 없다고 했지요. 공청회를 열 때마다 녹음기처럼 똑같은 말만 되풀이했으니까요. 하지만 국민당도 물러설 기미가 전혀 없어 양측은 팽팽히 맞섰지요.”

오후 4시가 넘도록 교착 상태에 빠져 있는데, 입법원 총무처 처장이 잔뜩 긴장한 얼굴로 유 의원에게 바깥에서 항의하던 군중이 들이닥치려 한다며 얼른 회의를 마치고 흩어질 것을 당부했다.

“더 지체하다가는 목숨 줄이 달아날 거라고 하더군요.”

당시 양당은 이미 공청회를 30회에서 2회로 줄이는 것에 합의한 뒤였다. 하지만 국민당은 여전히 서명을 질질 끌다가 상황이 급박하게 돌아가는 것을 보고 마지막 순간에야 서명을 했다.

“서명을 마치자마자 단상 아래에서 기자로 위장한 어떤 사람이 저한테 달려들다가 법정 경찰에게 제지를 당했어요. 바깥은 아우성치는 군중으로 들썩였고, 정말이지 살벌하기 이를 데 없었어요.”

유 의원은 국민당이 왜 서명을 했는지는 모르겠지만, 법안이 위원회를 통과한 것은 그야말로 얼떨결에 통과될 수밖에 없었던 '어떤 돌연한 순간' 때문이지 않았을까 하고 말했다.

"나중에 알게 된 사실인데요. 성소수자 단체에서 온갖 수단을 동원해 국민당의 핵심 지지자들을 찾아가 부탁을 했더라고요. 중진 의원들에게 전화를 걸어 조금만 양보해주면 좋겠다는 이야기를 해달라고요. 그들에게 감사할 따름이죠."

새내기 국회의원이었던 쉬 의원은 과거 텔레비전에서만 보던 국회의원들의 몸싸움이 눈앞에서 실제로 벌어지는 것을 보면서 정말이지 살벌한 현장 교육을 받았다.

"그날 정말로 팽팽한 긴장감이 감돌았어요. 시작부터 충돌이 있었죠. 그때 정톈차이鄭天財 의원이었을 겁니다. 달려들어 마이크를 빼버리더군요."

당의 동료들이 너나없이 선봉에 나선 것을 보고 당의 일원으로서 어떻게 행동하는 것이 옳았을까?

"저는 난감하기 이를 데 없었죠. 같이 달려들어야 할지 말아야 할지. 눈앞에 펼쳐지는 광경에 곤혹스럽기가 이루 말할 수 없었어요."

안타깝게도 새내기 국회의원에게 암묵적인 규칙을 가르쳐주는 교과서 따위는 없다. 공청회를 열 것인지를 표결에 부칠 때 쉬 의원은 손을 들지 않았고, 당 동료들의 따가운 시선을 받았다. 그러고는 이내 깨닫는다.

"그날 이후로 저는 명명백백하게 깨달았어요. 앞으로 이 길에서 무지막지한 난관과 저항에 부딪힐 거라는 걸."

11월 17일 법안 심의가 있던 날, 몇몇 의원과 대중의 거센 반발로 몸싸움이 일어났다. 쌍방은 쉬수화許淑華와 유메이뉘 두 소집위원이 각각 주최하는 공청회를 11월 24일과 28일에 연 뒤에 다시 심의하기로 합의했다. 그런 다음 12월 26일에 세 가지 버전을 두루 반영한 민법 개정안과 별도의 특별법을 각각 만들어 정식으로 입법의 다음 단계로 보냈다. 처음에는 일정 정도의 의견 차가 있었지만, 결국 평화적으로 현 단계에서의 합의에 도달했다. 유 의원은 이 과정이 성숙한 민주주의를 증명한 것이라고 말했다.

크게 패한 국민투표 앞에서 서로를 다독이며 다시 걷다

2017년 5월 24일 사법원은 「사법원 석자 제748호 해석」을 통해 민법이 성별이 같은 두 사람의 결혼을 인정하지 않는 것은 헌법 정신에 어긋난다는 해석을 내놓았다. 아울러 2년 내에 법을 개정할 것을 요구하였으며, 그 기간 내에 법 개정이 이루어지지 않으면 2년 후 동성 커플은 기존 민법에 의해 합법적으로 결혼할 수 있다고 못 박았다. 이 같은 헌법 해석이 나온 뒤 결혼평등권운동이 최고조에 달하자 더더욱 좌불안석이 된 보수 단체는 2018년 지방 선거가 목소리를 낼 수 있는 마지막이자 절호의 기회라 판단하고, 동성 결혼 법제화를 위한 민법 개정에 반대하는 국민투표 청원을 목적으로 대대적으로 결집한다. 이에 질세라 결혼평등권운동 단체들도 자신들의 의견을 묻는 국민투표 청원을 내지만, 그들을 기다리는 건 예상 밖의 처절한 실패였다.

스스로 은퇴 생활을 하고 있다고 여기는 유 의원은 예의 그 특유의 머리 스타일을 한 채 연분홍 정장 재킷을 입고 나왔다. 머리카락 사이로는 새빨갛게 부분 염색한 머리가 눈길을 사로잡았다. 유 의원은 아직도 눈에 선한, 국민투표 결과가 발표되던 장면을 떠올렸다.

"국민투표가 끝난 뒤 모두가 완전히 다운됐어요. 굉장히 절망적이었죠. 성소수자들 가운데는 포기해야 하는 것 아닐까 생각한 분들도 있었을 거예요. 하지만 저는 이미 여기까지 왔고, 민진당이 행정부와 입법부를 장악하고 있는 한 국민투표가 실패했다고 해서 우리의 핵심 가치인 자유와 민주주의, 법치와 인권이 끝날 리는 없다고 생각했어요."

본업이 변호사인 유 의원은 사기가 완전히 꺾인 성소수자들 편에 서서 우리는 아직 지지 않았다고 이성적으로 국면을 정리했다.

"2018년의 실패는 사실 민법 개정은 물 건너갔다는 걸 말해줄 뿐이에요. 특별법을 제정할 수밖에 없다는 뜻이죠. 제가 불안했던 건 대체 어떤 특별법이어야 하는가 하는 부분이었어요. 사법원이 동성 결혼의 자유와 평등에 관한 권리를 보장해야 한다고 분명하게 못 박긴 했지만, 새로운 법이 그런 헌법적 권리를 충족시킬 수 있을지 확신이 서지 않았어요."

옆에 있던 쉬 의원은 당시 동성 결혼 의제가 지방 선거에 볼모로 잡혀 각 후보자에게 놀아나는 것이 굉장히 안타까웠다고 말했다.

"국민투표가 실패로 돌아간 뒤에 사회 전반적으로 동성 결혼에 대한 반감이 팽배해졌어요. 저는 그때 굉장한 압박에 시달렸는데요. 2018년 지방 선거에서 국민당이 대승을 거둔 터라 당내 보수 세력의 목소리가 더욱 커졌기 때문이죠."

'봐라, 동성 결혼에 반대한 덕분에 선거에서 이길 수 있지 않았느냐' 하는 기류가 2020년 총통 선거까지 이어질 듯한 분위기였는데, 쉬 의원이 무슨 수로 그런 기류를 막아낼 수 있었겠는가.

유 의원 역시 당시 민진당에서 극심하게 고립된 처지였다. 커젠밍柯建銘 민진당 대표는 언론 앞에서 "유 의원, 제발 부탁이에요. 민진당한테 이러지 말아요!"라고 말하기까지 했다. 유 의원은 한참을 고심했지만 어떻게 반응해야 할지 속수무책이었다. 그러다 이튿날 잠에서 깨어난 순간 '번쩍' 하고 계책이 떠올랐다.

"저는 보좌관들에게 자료 조사를 부탁했어요. 조사 결과를 보니 국민투표 이후에 성소수자가 스스로 목숨을 끊거나 따돌림을 당하는 사례가 늘고 있었어요. 저는 그 통계 수치를 언론에 공유해 분위기 전환에 성공했지요."

유 의원은 이렇게 자칫 당내 충돌로 번질 뻔한 상황을 잘 해결했고, 성소수자를 지지하는 많은 사람들에게 용기를 불어넣었다.

"얼마나 감동적이었는지 몰라요. 제가 알지 못하던 성소수자들은 물론 이성애자들까지 용감하게 감사 인사를 전해주었어요. 전화를 하거나 카드를 보내 계속해서 저를 위로하고 감사를 표했지요. 그런 모습들이 참 귀여웠어요. 제 또래 사람들은 그저 마음에 담아둘 뿐인데, 요즘 젊은 세대는 달라도 너무 다르더라고요. 아주 깊은 인상을 받았어요. 제 사무실 벽 한쪽이 전국 각지에서 날아든 편지로 뒤덮였다니까요."

쉬 의원 사무실의 벽 한쪽 역시 마찬가지다. 3년이 지났지만, 국민투표 결과가 발표되던 날 밤의 무겁게 가라앉은 침울한 분위기를 어찌 잊을 수 있겠는가. 다만 우리는 울고 난 뒤에 서로 잡은 손을 놓지 않으면 결국 몰이해도, 심지어 악의에 찬 시선도 훌쩍 뛰어넘을 수 있다는 것을 의지와 행동으로 보여주었다.

비 갠 하늘에 돌연 무지개가 뜨다

어느덧 2019년 5월 16일, 동성 결혼 법제화를 위한 최종 법안인 「사법원 석자 제748호 해석 시행법」을 표결하기 하루 전날 밤이 되었다. 유 의원의 말에 따르면, 행정원의 쑤전창 원장이 민진당 국회의원과 정책 방향을 놓고 논의할 때 피력한 의견이 매우 중요한 역할을 했다고 한다.

"쑤 원장은 민진당이 그동안 어떤 길을 걸어왔는지 매우 감성적으로 이야기했어요. '그때는 다들 생명의 위협마저 무릅쓰지 않았습니까. 지금 표가 좀 떨어져 나간다고 물러선다고요? 먼 훗날 언젠가 당신의 손자 손녀가 그때 찬성표를 던졌느냐고 물으면 뭐라고 할 겁니까? 이것은 시대적 흐름이에요. 우리는 마땅히 올바른 쪽에 서야 합니다'라고요."

쑤 원장은 이어 페이스북에 글을 올려 공개적으로 민진당을 향해 동성 결혼 법제화를 위해 당이 한목소리를 내줄 것을 호소했다. 같은 시각 쉬 의원은 다소 걱정이 앞섰다.

"저는 이 일이 또다시 정치적인 대결로 흐르지 않을까 우려스러웠어요. 당시 누군가 당 게시판에 민진당이 당론 투표를 하면 우리 국민당도 그렇게 해야 하지 않느냐고, 집단적으로 행동해야 회색 지대가 없어진다고 목소리를 높였거든요."

표결 당일 아침에 열린 당 대회에서 쉬 의원은 가치라는 측면에서 접근하자고 호소하며 의원들의 마음을 두드린다.

"민진당이 이 의제를 정당 대결로 끌고 가려는 것 같은데, 우리는 그렇게 해서는 안 되고 우리가 지지하는 가치가 부각될 수 있도록 투표했으면 좋겠다고 말했죠."

이렇게 당도, 관점도, 접근 방식도 다른 사람들이 마침내 타이완 인권 역사상 가장 중요한 한 페이지를 장식하기에 이른다. 표가 모자랄까 봐 조마조마한 마음으로 입법원에 들어선 두 사람은 초록 불이 하나둘 켜지면서 가장 중요한 제4조와 제7조가 기적같이 통과되는 장면을 지켜보았다. 감격해 마지않는 유 의원을 향해 같은 당의 허즈웨이何志偉 의원이 흥분한 채로 휴대전화를 들고 달려왔다.

"유 의원, 유 의원, 메시지가 쏟아지고 있어요. 다들 유 의원을 구세주라는 듯 마조 할머니, 관세음보살이라고 해요."

지난 4년간의 짧은 정치 인생이 주마등처럼 스쳐 지나가는 것을 보며 쉬 의원은 '국회의원이라는 게 바로 이런 거구나, 내가 대단한 일을 해냈구나' 하는 감격에 휩싸였다.

국회 바깥에서는 퍼붓던 장대비가 그치고 돌연 무지개가 모습을 드러냈다. 모여든 사람들은 서로 얼싸안고 환호했다. 유메이뉘와 쉬위런 두 국회의원은 자신이 옳다고 생각하는 신념의 편에 서서 노력한 끝에 많은 사람에게 감개무량한 행복을 선사했다.

Q&A

정상이란 무엇인가요?

쉬 정상 혹은 비정상은 우리가 존재하는 이 세상을 지나치게 단순하게 구분하는 방식입니다. 정상을 구분하면 비정상이 존재할 수밖에 없으므로 저는 그런 식으로 생각하지 않습니다.

유 정상은 대개 다수나 위정자 혹은 권력자가 정의한 것이죠. 주류가 정상이라면 비주류는 비정상이 되는 식. 우리가 말하는 젠더 주류화란 변방으로 내몰린 사람들을 중심으로 끌어들이는 한편, 한층 더 변방으로 내몰린 사람들을 주류화하는 것을 말합니다.

사랑이란 무엇인가요?

쉬 사랑은 곁에 있는 사람에게 공감하는 것입니다. 자기를 사랑하는 것처럼 타인을 사랑할 수 있느냐 하는 것이죠.

유 사랑에서 가장 중요한 것은 조건 없이 주는 것입니다. 많은 사람들이 상대를 사랑할지 말지는 그가 내게 어떻게 하느냐에 달렸다고 말하지만, 상대가 내게 잘해주지 않는다고 그를 사랑하지 않으면 그것을 사랑이라고 할 수 있을까요?

정치 참모의 눈으로 본 동성 결혼 법제화의 여정

리화이런李懷仁

당시 쑤 행정원장의
보좌관이었고,
지금은 교통카드 및
전자결제 서비스를
제공하는 아이패스의
대표로 일하고 있다.

행정원의 한쪽 구석에서 한 남자가 노트북으로 뭔가를 열심히 고쳐 쓰고 있다.

'누구의 표가 확실하고, 누구의 표는 불안한가? 절대로 설득하지 못할 사람은 또 누구인가?'

표결까지 2주밖에 남지 않은 상황에서 그는 표를 확보할 수 있는 다른 인맥은 없는지, 전화를 돌리겠다고 약속한 당의 중진들은 과연 그렇게 했는지 이런저런 걱정에 안절부절못했다.

"우리는 5월부터 매일같이 확보한 표를 계산했어요. 날마다 숫자가 달라졌거든요. 〈웨스트 윙〉*이라는 드라마 봤어요? 그 드라마 속 장면과 판박이였죠."

노련한 정치 보좌관 리화이런의 말이다.

핵심 조항, 제4조

2019년 5월 17일 표결 전까지 리화이런은 한순간도 긴장

* 미국 대통령과 보좌관들의 일을 그린 정치 드라마.

의 끈을 놓지 못했다. 표수가 모자라지는 않을지, 누군가의 표가 이탈하여 연쇄 작용을 일으키지는 않을지, 그래서 결국 걷잡을 수 없는 지경으로 치닫지는 않을지 걱정이 이만저만이 아니었다.

"사실 우리는 당내 의견 그룹 대표들과 끊임없이 소통해 왔어요. 덕분에 투표 2, 3일 전에 이상적인 결과는 아니더라도 법안은 통과되리라 확신할 수 있었죠."

다만 겨우 턱걸이로 통과되는 것으로는 민심을 달래기에 턱없이 부족했다. 타이완에서 이렇게 중요한 법안은 반드시 절대 다수로 통과되어야 한다. 그래야만 사회적 후환을 없앨 수 있기 때문이다.

"아주 적은 표차로 통과된다면, 훗날 그 미미한 표수에 의해 뒤집힐 가능성이 있었죠. 그래서 우리는 매일 총통과 행정원장을 비롯한 고위 관료들에게 표결 예상치를 보고했어요. 과반수를 훌쩍 넘기는 것이 목표였죠."

고정 표 확보를 위해 쉼 없이 노력하는 한편, 목표에 도달하기 전까지는 친절하게 전화 거는 일을 그만두지 않았다.

"정치적 의제를 해결하기 위해 여러 사람을 동원해 몰아붙이는 것은 요즘 사람들이 하는 말로 감정적인 협박이 될 수 있죠. (웃음) 국회의원 한 사람이 가까이 지내는 동료 국회의원, 행정원장, 장관에게서 반드시 출석해 투표해달라는 전화를 한 통씩 다 받았어요."

동성 결혼 의제를 둘러싸고 각 측은 오랜 시간 이성적으로 의견을 개진하고 논의해왔지만, 마지막 순간에 필요한 것은 감정적인 호소였다.

다중 압박 전략과 쑤 원장의 부드러운 호소가 결과적으로 먹혀들었을 뿐 아니라 기대 이상의 효과를 거두었다.

"제1조를 표결할 때는 긴장감이 감돌았지만 결과가 나오자 흥분의 도가니가 되었어요. 개표 결과를 보니 우리가 예상했던 것보다 표를 훨씬 많이 얻었더라고요. 70표가 넘었어요. 어떻게 그런 일이 일어날 수 있죠? 이어서 가장 결정적인 제4조에서는 과반이 찬성표를 던졌어요. 그 순간 바깥에서 군중의 환호가 터져 나왔어요. 그와 동시에 제 라인 단체 채팅방에서는 '와! 와!' 하는 감탄사가 줄을 이었고요. 우리는 마침내 이렇게 통과되리라 확신했었죠."

리 보좌관은 이어진 다른 조항의 득표수는 팽팽히 조였던 긴장의 끈을 놓는 바람에 기억하지 못한다고 했다.

제2조 관계의 성립은 반드시 서면으로 명시해야 하고, 두 사람 이상의 증인 서명이 있어야 하며, 두 당사자는 사법원 석자 제748호 해석의 취지와 본 법에 따라 호적관리기관에 결혼 신고를 해야 한다.

——「사법원 석자 제748호 해석 시행법」 제4조

결혼이라는 두 글자는 누군가에게는 징말이지 예민한 단

어로, 이를 언급한 제4조와 제7조가 통과될 수 있을지 법안 지지자들은 걱정이 이만저만이 아니었다. 리 보좌관은 당시 법안에서 '결혼'이라는 단어를 유지할 수 있었던 것은 쑤 원장의 고집스러움 덕분이었다는 것을 인상 깊게 기억하고 있다.

"법안을 행정원에 제출하기 전에 마지막까지 몇 가지 버전을 놓고 논의했어요. 특히 '결혼'이라는 표현을 놓고 끊임없이 각축전이 벌어졌죠."

리 보좌관은 의견이 첨예하게 대립할 때 쑤 원장이 상황을 어떻게 정리했는지 이야기해주었다.

"저는 이 메이리다오美麗島*에서 변호사가 된 후 지금까지 모든 사람의 평등한 권리를 쟁취하기 위해 일생을 바쳐 싸웠습니다. 그들이 결혼이라는 두 글자를 원하는데 우리는 왜 그것을 주면 안 됩니까?"

어느 버전의 법안으로 갈지는 이렇게 해서 정해졌다.

"저는 그 말에 감동해 마지않았죠. 그것은 대중을 향한 격앙된 연설이 아니었어요. 그저 사석에서 몇몇 보좌진과 토론할 때처럼 자신이 믿는 가치를 진심으로 토로한 것일 뿐이죠. 우리는 그때 표를 계산하고 있었어야 할까요? 물론 해야죠. 하지만 그렇게 계산할 수 없는 일들도 있어요."

리 보좌관은 1979년의 메이리다오 사건**을 언급했다.

* 가오슝을 말한다.

"당시 첫 번째 변호인단이 잡혀갔어요. 하지만 쑤 원장은 기꺼이 나서서 두 번째 변호인단에 합류했지요."

리 보좌관은 만약 쑤 원장이 계산기를 두드린 뒤에 일하는 사람이었다면, 애초에 그렇게 나서지도 않았을 거라 덧붙였다.

동성 결혼 법제화를 향한 *10*년의 여정

리 보좌관은 쑤전창의 정치 참모로 10여 년을 보냈다. 그가 처음으로 성소수자의 권리 증진에 관여하게 된 계기는 2010년 쑤전창의 타이베이 시장 선거였다. 당시 선거 조직에서는 타이베이시가 성소수자에게 상대적으로 더 열려 있는 도시라는 점을 감안해서 성소수자의 권리 증진을 추진해볼 수 있겠다고 여겼다. 또한 성소수자에 우호적인 자페이더賈培德 성우는 쑤전창에게 그해 성소수자 프라이드 퍼레이드에 참여할 것을 제안했다.

** 가오슝 사건이라고도 하며 장징궈蔣經國 정부는 '가오슝 폭력 반란 사건'이라고 불렀다. 1979년 12월 10일 세계 인권의 날, 가오슝에서 메이리다오 잡지사 구성원을 주축으로 한 당 바깥의 운동가들이 대중을 조직해 민주와 자유, '정치 활동 금지' 및 계엄 해제를 요구하면서 행진과 강연을 진행했다. 정부의 폭력적인 진압으로 2·28 사건 이후 최대 규모의 경찰과 민간의 충돌로 번졌고, 당 바깥의 인사들은 대거 체포되어 징역형을 받았다. 이 사건을 계기로 민주화운동이 잇달아 일어나 국민당의 일당 독재에 균열이 생겼다. 이후 국민당은 38년간 지속된 계엄령과 정당 활동 및 언론 자유의 금지를 해제하고 민주주의로 나아갔다.

"당시 성소수자를 공개적으로 지지하는 정치인은 많지 않았어요. 쑤 행정원장이 지지자 중 한 사람이었지요. 하지만 쑤 원장은 프라이드 퍼레이드에서 환영받지 못했어요. 아마 그가 어떤 입장을 취하는지 잘 몰라서 표를 구걸하러 왔다고 생각했기 때문일 거예요."

10년 전 성소수자 단체에 문전박대를 당했던 그들은 10년도 채 지나지 않아 타이완이 아시아 최초로 동성 결혼을 법제화한 나라가 되리라고는 상상도 하지 못했으리라.

"정치 참모의 입장에서 보면, 관련 법안을 마련해야 할 시기임을 알 수 있었어요. 법률을 건드리기 전에 임시방편으로라도 훗날 개별 도시에서 실시한 반려자의 세대 등록 같은 것을 마련해야 했죠. 사실 동성 결혼 법제화 논의는 정치권에서 줄곧 진행해왔지만 그것이 2019년에 성사되리라고는 상상도 못 했어요."

리 보좌관은 민진당과 시민단체(NGO, NPO)의 관계를 정리해주었다. 2000년에서 2008년까지는 민진당과 시민단체가 결별하는 과정이었다. 2000년 천수이볜 민진당 후보가 총통으로 당선되어 처음으로 정권 교체를 이룬 일은 시민단체와 떼려야 뗄 수 없지만, 천수이볜에 대한 시민단체의 신뢰는 그의 재임 8년 동안 점차 약화되었다.

"2008년과 2010년, 시민단체의 지지를 잃은 민진당은 야당 신세로 전락하고 매우 무력한 상황으로 치달았어요."

리 보좌관은 쑤 원장과 차이 총통 둘 다 시종일관 성소수자에게 변함없는 지지를 표명해왔지만, 시공간적 배경과 정치 환경이 달라지면서 그 지지가 다르게 해석되었을 뿐이라고 본다.

"일례로 차이잉원은 2016년 선거운동 기간에 동성 결혼에 대한 지지를 표명했어요. 하지만 당선되고 난 뒤에 왜 이렇게 늦장을 부리느냐고, 절실함이 떨어진다고 성소수자 단체에게 욕을 먹었죠. 하지만 실은 2016년에서 2017년까지 '민법 개정이냐, 특별법 제정이냐'라는 쟁점을 놓고 첨예한 논쟁이 벌어졌어요. 특별법을 제정하자고 주장하는 측은 다수로부터 분리하는 것이 오히려 차별적이라는 이유로 차별을 옹호한다는 딱지가 붙었어요. 그래서 그 당시에는 특별법이 사회적으로 더 받아들이기 쉬운 선택이라는 것을 인지하지 못했어요."

애석하게도 지향하는 바와 정치적 판단에는 늘 간극이 존재하기 마련이다.

"예, 맞아요. 인정해요. 저는 민법 개정을 원하는 쪽이었어요. 하지만 저 또한 당시의 정치 상황을 감안할 때 실행 가능한 유일한 선택은 특별법을 제정하는 것임을 모르지 않았어요."

이 간극이 바로 정치인과 대중이 마찰을 빚기 쉬운 지점이다. 다행히 타이완은 단계적으로 공감대를 형성해나갔다.

"어쩌면 당시에는 그렇게 생각하지 않았을지 모르지만, 돌이켜 생각해보면 오늘을 만든 것은 집단 지성의 힘이지 않았을까 싶어요. 사법원은 동성 결혼의 권리는 반드시 보장되어야 한다고 판결했고, 민의는 민법을 건드려서는 안 된다고 했죠. 그 결과로 특별법을 마련하게 된 것이고요. 이는 타이완 사회가 법과 행정, 나아가 민의에 이르기까지 모든 역량을 결집해 만들어낸 집단적 산물이에요."

「사법원 석자 제748호 해석 시행법」은 완벽하다고 할 수는 없지만, 타이완 사회가 장기간의 힘겨루기를 거친 뒤 함께 도출해낸 최대의 교집합이다.

동성 결혼 법제화 후에도 여전히 태양은 떠오른다

이렇게 도출해낸 결과 앞에서 법안의 명명은 더없이 중요한 문제였다. 2017년 5월, 사법원은 「사법원 석자 제748호 해석」을 통해 민법이 성별이 같은 두 사람의 합법적 결혼을 불허하는 것은 헌법에 어긋난다고 판결한 뒤 법 개정 기한을 2년으로 두었다. 그 기한을 지척에 둔 2019년 2월, 법안의 제출을 앞두고 많은 사람이 골머리를 썩인 건 그 법안을 어떻게 명명할 것인가 하는 문제였다.

"그때 논의하던 것 중 하나는 '동성배우자법'이었고, 또 하나는 '동성결혼법'이었어요. 그런데 배우자법이라고 하면 성소수자 단체에서 들고 일어날 것이고, 결혼법이라고 하면 종교 단체에서 욕설을 퍼부으며 뒤집어엎을 게 불 보듯 뻔했어요."

당시 총통부 부비서장이자 현(2022년) 고시원考試院* 비서장인 류젠신劉建忻은 몇몇 참모진과 머리를 쥐어짜며 해결 방안을 모색했다.

"류 부비서장이 미국 대학원에서 공부할 때를 떠올리며 번뜩이는 묘수를 찾아냈어요. 미국에서는 제 몇 호 시행법 같은 게 많은데, 타이완도 사법원 석자를 법안 명칭으로 사용하면 어떨까, 또한 ICCPR(시민적·정치적 권리에 관한 국제규약)과 ICESCR(경제적·사회적·문화적 권리에 관한 국제규약)에 대한 타이완의 시행법을 차용해 두 개념을 융합하면 어떨까 하고요."

해결의 실마리를 찾은 것 같았다! 현장에 있던 사람들은 주체할 수 없는 기쁨을 억누르며 각자 돌아가 자신의 상관과 우호적인 민간단체들에 의견을 타진했다.

"그때 저는 뤄신제에게 법안의 명명을 이렇게 하면 어떨지 물밑으로 동료들의 의견을 물어봐 달라고 부탁했어요. 후에 이것이 성소수자 단체에서 받아들일 수 있고 차별적이라고도 느끼지 않는 명명임을 알고는 조금 더 자신감을 가졌지요. 당연히 종교 단체에도 물어보았고요. 그들 역시 결혼이라는 두 글자가 없으니 받아들일 수 있다고 하더라고요."

행정원은 이 중립적인 명칭의 법안을 과감하게 제안했고,

* 타이완 공무원의 채용 시험, 임용, 관리 등의 인사 업무를 수행하는 정부 기구로 원장과 부원장 각 1명과 19명의 고시 위원으로 구성되어 있다.

이는 타이완 입법사에서 획기적인 시도로 자리 잡는다.

“성소수자 단체는 2018년의 실패를 딛고 다시 일어났고, 현정부 역시 선거에서 크게 졌지만 그럼에도 여전히 형식은 특별법이나 내용은 민법과 매우 유사한 법안을 내놓으려고 노력했어요. 또한 법의 명칭을 볼 때마다 이는 타이완에서 법을 가장 잘 이해하는, 가장 공신력 있는 사람들, 즉 사법원의 대법관이 헌법을 해석한 결과임을 떠올렸으면 했죠.”

정부와 시민단체가 더는 반목하지 않고 같은 목표를 향해 나아갈 때 그 행보와 수단을 서로 어떻게 협조하고 조율하며 견제하고 타협할 수 있을까? 리 보좌관은 동성결혼운동이 다른 사회 의제에 본보기가 될 좋은 사례라 여긴다.

법안의 명칭이 정해지자 보좌진은 언론과 접촉하고 온라인 가이드를 만들었으며, 무엇보다 쑤 원장에게 대중이 법안의 가치와 함의를 이해할 수 있도록 설명하는 영상을 직접 찍어달라고 부탁했다. 삼독 통과 후, 원래 내정부의 민정사民政司에서 관리했던 혼인 신고서를 행정원에서 일일이 검토한 뒤 엄격한 형식을 갖추어 다루도록 한 것은 이 법안이 공포된 뒤에 차별을 내재한 글자가 한 자도 없기를, 한 치의 오차도 없기를 바라는 마음에서다. 이에 보좌진 역시 눈코 뜰 새 없이 바빠진다.

“우리는 법안이 통과된 뒤에도 타이완 사회가 여느 때와 똑같이 작동하고 있는 것을 사람들이 봤으면 했어요. 태양은 계속 떠오를 것이고, 아빠는 여전히 아빠로 불리고, 엄마는 여전히 엄마로 불릴 테죠. 본래 여자를 좋아하던 당신의 아들이 갑자기 남자를 좋아하지는 않을 것이고요. 남자를 좋아했던 사람은 계속해서 남자를 좋아할 것이고, 여자를 좋아했던 사람은 계속해서 여자를 좋아하겠죠. 우리는 그저 원래 가져야 했던 권리를 되돌려주는 것일 뿐이고요."

이미 정치권을 떠나 가오슝에 위치한 기업 아이패스의 대표를 맡고 있는 리화이런은 인권 쟁취를 위해 고군분투했던 여정을 회상하면서, 여전히 열혈 청년인 듯 두 눈을 반짝이며 시시각각 마음속 깊은 곳의 열정을 쏟아냈다. 그때가 그립지 않으냐고 묻자 그는 웃으면서 마음이 근질근질하다고 했다.

"하지만 2년 전 삼독을 통과하던 날, 저는 행정원으로 돌아와 쑤 원장께 말씀드렸어요. 제 정치 인생이 정점에 다다른 것 같아 이제는 떠날 수 있게 되었다고요. 당신과 함께 치른 전투가 끝났으니 이제는 정말로 아무런 여한이 없다고요."

훗날 언젠가 쑤 원장 곁으로 돌아온 그의 모습을 다시 볼 수 있을지는 알 수 없지만, 동성 결혼 법제화를 위해 이 정치 참모가 쏟아부은 노력은 이미 역사에 깊이 아로새겨져 있다.

Q&A

평등이란 무엇인가요?

모든 사람의 권리는 똑같아야 해요. 저는 언제나 아이들에게 남을 차별해서도, 능멸해서도 안 된다고 말하죠. 모든 사람은 같기 때문이에요.

정상이란 무엇인가요?

누가 정상인지 정의할 필요가 있을까요? 정상과 비정상은 상대적인 것이니 우리가 정상이라고 정의하는 순간 남을 비정상으로 규정하게 되잖아요.

2019년 5월 16일
국회 표결을 하루 앞둔 날, 쑤전창 행정원장은
민진당 국회의원들을 향해 감정적으로 호소한다.

내일은 역사적으로 대단히 중요한 날이 될 것입니다. 의원들 가운데 어떤 분은 한 회기를, 또 어떤 분은 여러 회기를 지나왔을 겁니다. 국회에서 통과된 법안은 몇 백 건, 심지어 몇 천 건에 달하지만 계속해서 회자될 법안은 실은 몇 되지 않습니다. 내일 표결하게 될 동성 결혼 법안에 대해서는 향후 반드시 질문을 받게 될 것입니다. 그때가 되면 여러분이 당당하게 가슴을 치며 "좀 보라고. 그 당시에 압박이 얼마나 심했는지 말도 마. 하지만 난 그 모든 압박을 이겨내고 중요한 한 표를 행사했다고!"라며 큰소리칠 수 있을 만큼 사회가 큰 진전을 이루었을 것입니다. 또한 여러분은 당연히 아들딸과 손자 손녀에게 "그해 그 역사적인 순간, 역사적인 날에 왜 나서지 않았어요?"라는 질문을 받게 될 수도 있습니다.
여러분, 40년 전 메이리다오 사건으로 군법 재판이 열렸을 때 타이완 전역에는 1000명에 가까운 변호사가 있었습니다. 하지만 용감하게 나선 사람은 저를 포함해 15명밖에 없었습니다. 33년 전 민진당이 당을 조직할 때 나서서 서명한 사람은 실은 그렇게 많지 않았습니다. 그때는 잡혀가고, 재판받고, 갇히는 일이 일상다반사였으니까요. 훗날 상황이 바뀌자 당에 가입하는 사람이 점점 늘어났습니다. 다들 명단에 자기 이름을 올려 '역사의 열차'에 올라타고 싶어 했지요.
여러분, 내일은 역사적인 순간입니다.
(후략)

기독교인이자 성소수자라는 두 가지 정체성

장마오전張懋禛

참빛복음교회 목사

참빛복음교회에 들어서면 반투명 유리에 꽂을땜한 커다란 십자가가 창문으로 쏟아져 들어오는 햇살에 비쳐 장엄한 분위기를 자아내고 온기를 더한다. 장마오전 목사가 얼굴에 미소를 띤 채 무지개 깃발을 들고 느릿느릿 걸어오면 줄곧 반목하며 서로를 할퀴던 두 집단, 즉 기독교와 성소수자의 십자가와 무지개가 마침내 하나로 어우러진다. 이는 오랜 세월 갈등의 골이 깊었던 두 집단을 잇는 가교 역할을 해온 장마오전을 설명해주는 장면이다. 그는 언제나 중간에 끼어 곤혹스러워하는 존재다.

목회자의 가정에서 자란 장마오전은 열다섯에 신실한 기독교인으로 거듭난다. 그러다 열여덟 살에 교회 여름 수련회에서 한 남자 교우와 서로 호감을 표하고는 심한 죄책감에 시달리다 함께 참회 기도를 드린다. 스물한 살에는 일곱 장에 달하는 진심 어린 편지를 써서 마침내 부모에게 자신이 동성애자임을 밝힌다. 그 순간부터 그는 기독교인이면서 성소수자라는 이중적 정체성을 안고 살아왔다.

다만 그 길에는 예상했던 것보다 훨씬 더 큰 어려움이 도

사리고 있었다.

묻지도 말하지도 않기로 하고 얻은 목사의 자격

장마오전은 목사가 되기로 뜻을 정하고 타이완신학대학원에 들어가 공부하는데, 그 기간에 익명의 협박 편지로 공격을 받는다. 그가 동성애자이므로 신학교에서 퇴출해야 한다는 여러 건의 '제보'가 신학교는 물론이고 그가 실습 과정을 밟던 교회에까지 날아든다. 이미 무덤덤해진 탓인지 지난 일을 이야기하는 장 목사는 시종일관 부드러운 어조로 말을 이어갔다.

"그 사건은 제게 큰 경각심을 불러일으켰어요. '내가 정말 목사가 될 수 있을까?' 제 정체성을 아는 사람이 많아질수록 졸업은 무사히 할 수 있을지, 장로교회에 파견 배정은 받을 수 있을지 등등 앞길에 대한 걱정이 커졌지요."

판도라의 상자가 열리자, 그 아래에 가라앉아 있던 문제들이 순식간에 수면 위로 떠올랐다. 장 목사는 너무 화가 나서 공개적으로 커밍아웃하고자 했지만, 주변 사람들이 만류하는 통에 그만두었다. 그래서 그 사건은 그저 조용히 묻혔다.

"나중에 한 중견 목사님이 교회에서 일하지 않는 게 어떻겠느냐고 조언했지요. 지방 교회로 파견되면 틀림없이 제 결혼 상황을 물어볼 테고, 거기다 향후 반려자와 함께 살게 되면 다들 이러쿵저러쿵 말들이 많아질 테니까요."

그래서 장 목사는 교회가 아닌 기관을 택해 몇 년 동안 장로교 총회에서 일한다. 하지만 평온하고 무탈한 나날은 오래가지 못한다. 그는 2007년 정식 목사가 되고자 지원하는데, 심사 과정에서 온갖 유언비어가 난무한다.

"장로교회에서 심사할 때였는데 제 귀에까지 말이 들어왔어요. 누군가 동성애자도 목사가 될 수 있느냐고 의문을 제기했고 많은 사람이 반대했다더군요. 후에 심사 과정에서 그들이 모은 의견은 누구도 현장에서 저에게 대놓고 묻지 않고, 저도 공개적으로 커밍아웃하지 않아야 통과될 수 있다는 것이었어요. 감사하게도 성소수자를 지지하는 목회자 분들이 저를 위해 설득에 나서주었다고 하더군요."

당시 타이완 교회의 분위기는 클린턴 미국 대통령이 군대 내 동성애 문제를 다룰 때 취했던 "Don't Ask, Don't Tell(묻지도 말하지도 마)" 같은 태도였고, 성소수자인 당사자는 알아서 몸을 사려야 했다. 자신의 성적 정체성을 숨겨야만 목회자 자격을 얻을 수 있다는 사실에 장 목사는 곧바로 깨달았다.

"장로교회에 계속 남아 있으려면 클로짓 게이closeted gay가 되어야 했죠."

그래서 그는 모든 사람을 포용하는 교회를 열기로 마음먹는다. 동성애자든 트랜스젠더든 이성애자든 모든 사람은 하느님의 사랑을 받을 자격이 있다고 생각하기 때문이다. 10여 년의 세월을 거쳐 장 목사는 정말로 이 일을 해낸다. 참빛복음교회에는 모든 종류의 성별이 공존하며, 다양한 목소리를 아우르는 교회를 찾고 싶어 했던 이성 가정 또한 적지 않다. 장 목사는 교회가 아이들에게 성평등 교육을 해서 그 교육을 받은 좋은 씨앗들이 각지로 퍼져나가 꽃을 피우기를 바란다.

"그런 아이들은 어릴 때부터 다름을 존중할 줄 알죠. 우리 교회에 트랜스젠더 교우가 있어요. 아이들은 처음에 그 사람을 이모라고 불러야 할지, 삼촌이라고 불러야 할지 고민하겠지만 부르다 보면 이내 익숙해지죠. 그 밖에도 학부모 중에는 동성애에 반대하는 사람이 아주 많아요. 그럴 때 우리 교회의 학부모들이 들어가면 교류할 수 있는 기회가 생기잖아요."

장 목사는 '교류'라고 했지만, 이는 실은 결혼평등권운동을 하면서 배운 전략이기도 하다.

우리는 모두 한계를 가진 인간이다

과거 장 목사는 성소수자에 반대하는 사람들을 보면 화가 나곤 했다. 결혼평등권운동에 참여하면서 생각이 다른 사람들과 소통하는 방식을 익히고 또 익히고 난 뒤에야 자신이 오랜 세월 너무 많은 부정적 감정을 쌓아왔다는 사실을 깨달았다.

"저라는 사람은 그렇게 강한 사람이 못 돼서 감정을 억누르기는 하지만 그래도 어쨌든 몸과 마음의 상태에 영향을 받아요. 그러다 보니 나중에 어느 단계에 이르자 더는 이러면 안 되겠다는 생각이 들더라고요."

장 목사는 반대하는 사람들의 입장을 이해하고 공감해보려 노력했다.

"예전에 저는 그들이 고지식해서 성소수자를 혐오하고 새로운 지식을 받아들이지 않는다고 생각했어요. 하지만 꼭 그렇지만은 않다는 것을 나중에 알게 됐어요. 가족과 사회 공동체의 압박을 받을 수도 있고, 지나온 삶의 경험에 영향을 받을 수도 있는 거죠."

장 목사는 판단을 내려놓고 우리 모두는 인간이며, 더욱이 한계를 가진 인간임을 받아들였다.

"제가 한계 있는 사람인 것처럼 상대방 역시 한계를 지닌 사람이죠. 저는 그런 상대방을 받아들이고자 했어요. 상대는 지금 이런 상황이고 나는 이런 상황인데, 어떻게 하면 소통의 접점을 찾을 수 있을까, 상대가 반대한다면 어떻게 관계를 이어나갈 수 있을까 하면서요."

장 목사는 설령 상대방과 자신이 저울의 양끝에 선다고 해도 관계 단절은 절대로 안 된다고 여긴다.

"저는 한때 제 정체성을 인정하지 않는 가족에게 툭하면 감정적으로 대했어요. 나중에 제 자신이 잃어버린 것들을 되돌아보고서야 그들 역시 자신이 고집하던 것을 내려놓으면 많은 것을 잃을지 모른다고 생각한다는 걸 알게 되었어요."

손에 쥔 것을 내려놓기는 쉽지 않다. 게다가 책임지고 있는 일들이 있으면 더더욱 쉽지 않다. 관계의 끈을 놓아버리지만 않는다면 언젠가는 소통의 출구를 찾을 수 있으리라.

결혼 평등권 쟁취를 위한 운동이 거세게 일자 보수 기독교 단체를 주축으로 하는 반대 세력 역시 덩달아 크게 결집했다. 한동안 성소수자 단체는 기독교를 사이비 종교라 폄하했고, 보수적인 기독교도는 성소수자를 성적 해방을 외치며 방탕을 일삼는 이들이라고 비난했다. 장 목사는 이런 상황이 더없이 괴로웠다.

"저는 기독교인이자 성소수자라는 두 가지 정체성을 모두 가진 사람으로서 중간에 끼어 어떻게 대처해야 할지 난감하기가 이를 데 없었죠. 시간이 흐른 뒤 제가 이 두 정체성을 어떻게 받아들이고 통합했는지 돌아보았어요. 그것이 가능했던 건 무엇보다 '인간관계' 때문이었어요."

기독교인에게 우호적인 동성애자에게는 기독교인 친구가 있을 테고, 성소수자에게 우호적인 기독교인에게는 성소수자 친구가 있지 않겠는가.

"기독교 신앙은 사람과 사람의 관계든, 인간과 하느님의 관계든 모든 관계는 사랑을 기반으로 해야 한다고 가르칩니다. 따라서 우리가 관계를 중시한다면 그 안에서 균형을 찾을 수 있고, 서로를 더 잘 이해할 수도 있게 되는 것이죠."

기독교 교리는 정말로 동성애를 반대하는가?

장 목사가 입이 닳도록 말하는 것처럼 기독교가 정말로 사랑과 관용을 바탕으로 하는 종교라면, 동성애를 반대하는 사람 가운데 왜 기독교인이 대다수를 차지할까? 심지어 그들은 왜 끊임없이 성경은 동성애를 반대한다고 주장할까? 많은 사람들이 이 점을 궁금해할 것이다.

누구든지 여인과 동침하듯 남자와 동침하면 둘 다 가증한 일을 행함인즉 반드시 죽일지니 자기의 피가 자기에게로 돌아가리라.

── 레위기 20장 13절

장 목사는 이는 교파별로 성경을 다르게 해석하기 때문이라고 했다.

"솔직히 좀 번거로운 일이죠. 동성애를 반대하는 사람은 성경을 문자적으로 해석하고, 긍정적으로 보는 사람은 사회와 시대 배경이 달라지면 해석도 달라져야 한다고 생각하죠. 제가 자주 드는 예로 성경은 과거에 여성을 억압하고 노예 제도를 지지하는 근거로 소환되었지만, 지금 우리는 그런 생각에 동의하지 않잖아요."

성경 해석을 둘러싼 논쟁은 언제나 있었고, 해석이 바뀌기 위해서는 시간이 필요하다. 유럽과 미국의 수많은 교회가 동성애는 죄라는 입장에서 동성 결혼을 허용하기까지는 20~30년이라는 긴 시간이 걸렸다. 보수 교회의 전향은 불가능한 것이 아니라 그저 시간이 필요할 뿐이다.

"성경은 우리가 하느님의 계획과 행하심을 이해하는 데 가장 좋은 규범이 되지만, 인간의 해석을 필요로 하죠. 많은 사람이 성경이 어떻게 말하고 있는가에 초점을 두지만, 기독교가 믿는 건 성경만이 아닙니다. 예수도 믿죠."

다만 예수를 믿는 초심 이외에도 주류 종교의 발전에는 언제나 강력한 조직의 힘이 있었다. 장 목사는 많은 경우 문제는 교리가 아니라 조직에서 발생한다고 생각한다.

"윤리와 도덕, 사회 규범, 교회 조직과 성경의 권위, 이런 것들은 부차적인 것이죠. 하지만 어떤 목사들은 이런 것들이 흔들리면 자신의 권위나 지위가 흔들리지 않을까 우려합니다."

장 목사는 다양성을 이해하지 못하는 종교계 인사가 자신의 발언권이 도전받고 있다는 것을 깨달았을 때, 게다가 종교가 그의 모든 것일 때 두려움을 느끼는 것은 지극히 당연한 일로 이는 교리와 무관한 인지상정이라고 말한다.

완벽하지는 않지만 중요한 변화

장 목사는 빅플랫폼과 함께하면서 결혼평등권운동에 뛰어들었다. 2016년 결혼 평등권 지지 콘서트에서 25만 명의 군중과 카이다거란대로에 섰을 때, 그는 평등한 권리를 위한 싸움에 더 이상 성소수자 단체만 참여하는 게 아니라는 것을 확인하고는 뭐라 말할 수 없는 감동을 받았다. 2018년에는 국민투표에서 참패한 동료들이 크게 상심할까 봐 교회에서 영적 성장과 스트레스 해소를 위한 집단 수업을 진행했다. 그리고 2019년에는 그 역시 입법원 바깥에서 모두와 함께 역사적인 순간을 지켜보면서 이 새로운 법이 교회에 변화를 가져다줄 수 있기를 기도했다.

"지금은 많은 기독교인이 모든 사람에게 오직 기독교의 윤리만을 따르도록 강요할 수는 없다는 것을 받아들이고 있어요. 그래서 어떤 사람들은 동성 결혼을 지지하지는 않지만 결사적으로 반대하지도, 반대운동에 참여하지도 않아요. 자신의 종교적 신념 때문에 마땅히 누려야 할 평등한 권리를 위해 싸우는 사람들을 막으면 안 된다고 생각하기 때문이죠."

법은 아직 완벽하지는 않지만 매우 중요한 한 걸음을 떼었다. 갓난아기가 뒤뚱거리며 이제 막 걸음마를 배우듯 타이완 사회도 마찬가지다.

앞으로 장 목사가 가장 보고 싶어 하는 변화는 모든 교회가 기꺼이 동성 결혼식을 거행하고, 나아가 공개적으로 커밍아웃한 성소수자 목사도 목회 활동을 계속할 수 있게 되는 것이다. 그의 인스타그램에는 반려자와 함께 생일 축하 케이크를 자르고, 레스토랑에서 와인과 스테이크를 즐기며, 커플 패딩 점퍼를 입고 해외여행을 하는 사진들이 올라와 있다. 눈부시게 아름다운 일상이다. 그는 동성애자이고, 목사이며, 한 사람의 남편이다. 그게 뭐 어때서? 장 목사가 보기에 모든 사람은 선택의 자유가 있어야 하고, 모든 최선의 선택은 더할 수 없이 축복받아 마땅하다.

Q&A

평등이란 무엇인가요?

사람뿐만 아니라 식물과 동물을 포함해서 하느님이 창조한 모든 생명이 평등하므로 모두가 호의적으로 대접받아야 마땅하다는 뜻입니다.

사랑이란 무엇인가요?

사랑은 자신을 사랑하는 것처럼 다른 사람을 사랑하는 것이죠. 공감하는 마음으로 남이 날 어떻게 사랑해주기를 바라듯 나도 상대를 그렇게 대해야겠지요.

정상이란 무엇인가요?

다양성이 바로 정상입니다. 사람마다 지문이 다른 것처럼 우리는 모두 독특합니다. 정상이란 바로 이 세상에 온갖 다른 사람이 있다는 사실을 받아들이는 것이죠.

성소수자의 부모는 귀인이 될 수 있어요

궈郭 마마

성소수자부모사랑협회 설립자

옷도 장신구도 무지개로 구색을 갖춘 궈 마마가 앞으로 나와 앉아 시원시원하게 말한다.

"오늘 귀에 거슬리는 말 좀 하려고 하는데, 해도 될까요?"

그래도 좋다는 승낙이 떨어지자, 대략 십 몇 분마다 "성소수자 여러분, 어서 결혼들 좀 해요"라고 말한다. 무슨 거슬리는 말인가 했더니 결혼을 재촉하는 어른의 성화가 아닌가!

궈 마마는 성소수자부모사랑협회의 설립자로 2011년 설립부터 지금까지 커밍아웃한 사람들을 돕는 일에서 실패율 제로를 기록했다고 호언장담한다. 부모의 속마음을 가장 잘 이해하고 자식과 부모 사이의 대화를 권하는 성소수자부모사랑협회이지만, 실은 그 구성원들 역시 처음에는 자식의 커밍아웃 앞에서 가장 깊은 곳으로 숨어든 연약한 어머니, 아버지였다.

그러고 보니 이 세상에는 정말이지 다양한 성소수자가 있구나

궈 마마의 딸은 열다섯 살에 성소수자임을 밝히고는 달랑

쪽지 한 장을 남긴 채 집을 나갔다. 겁에 질린 궈 마마는 즉시 딸에게 전화를 걸어 "네가 여자를 좋아하든 남자를 좋아하든 우린 널 사랑해. 얼른 집으로 돌아와!"라고 말했다. 자신이 보인 반응에 관해 "마음에도 없는 말이었죠. 아이에게 겁을 줘서 안 돌아오게 할 수는 없는 노릇이잖아요"라고 덧붙였다. 커밍아웃한 딸을 둔 부모의 길로 들어선 궈 마마는 감히 누구에게도 말하지 못한 가슴앓이를 하면서 남편과 함께 구글에서 찾은 영문 자료를 읽었다.

"처음에 우리는 그저 딸을 위로하고 싶었어요. 이제 겨우 열다섯인데, 앞으로 변할 수 있을까 좀 불안하기도 했고요."

궈 마마는 혼란스러운 와중에도 주도적으로 공부하는 일을 잊지 않았고, 2004년에는 타이완 성소수자 상담핫라인협회에 가입했다.

"핫라인을 통해 저는 정말이지 눈을 떴어요. 곰도, 원숭이도, 개도…… 알고 보니 이 세상에는 정말이지 다양한 성소수자가 있었어요."

어떤 동물이든 사랑은 똑같다. 자식을 사랑하는 마음에서 시작한 공부 덕분에 궈 마마는 성소수자 문화라면 이제 딸보다 더 빠삭하다.

"처음 딸과 토론할 때요, 딸에게 어떤 스타일의 레즈비언이냐고 물었죠. 그때는 스톤 부치stone butch, 댄디 부치dandy butch* 뭐 그런 게 있었거든요. 저는 딸을 놀리며 넌 어떤 스타

일도 아니고 그냥 아웃사이더인 것 같다고 했죠."

덕분에 궈 마마의 딸은 학교에서 일어나는 연애에 관한 온갖 고민을 먼저 나서서 털어놓았다.

"딸은 아주 잘생겨서 따르는 여자아이가 꽤 많았어요. 데이트 시간을 내지 못해서 싸운 여자아이도 있었다니까요."

당시 궈 마마는 웃으며 딸에게 말했다.

"그러니까 시간 관리를 잘해야 한다니까."

궈 마마는 딸의 연애 상담가가 되어 깊은 대화를 나눴다. 그러다 학교 선생님이 딸이 여자아이와 연애를 한다고 알리자 선생님의 말을 고스란히 되돌려주었다.

"그 선생님은 긴장한 채 딸이 선배의 집에서 잤다고 했어요. 그들은 그게 무슨 대수인 줄 알지만, 저도 학창 시절 6년 동안 학교 기숙사에서 생활할 때 툭하면 바깥에서 자고 왔어요. 흔하디흔한 일이죠."

궈 마마는 딸을 향한 무한한 사랑을 가끔은 살짝 누그러뜨리려 노력한다고 했다. 딸이 엄마가 너무 집착한다고 느끼지 않게 말이다. 성장 과정에서 자신의 젠더 정체성을 깊게 탐구한 사람은 사실 딸보다 엄마였다. 그 과정에서 궈 마마는 자신의 딸이 '트랜스젠더'가 될 수도 있음을 알아차렸다.

* 스타일, 행동, 자기 인식 등의 측면에서 이른바 '남성적' 혹은 '중성적'이라 여겨지는 특성을 지닌 레즈비언을 '부치'라고 한다. 동성 관계를 기존의 '여성성/남성성'의 틀로 규정하는 용어라 최근에는 많이 쓰이지 않는다.

물으면서 답을 찾아가다

이제 우리는 궈 마마의 딸을 '아들'이라 불러야 한다.

"많은 사람이 제게 딸이 왜 트랜스젠더가 되려고 하는지 물었어요. 우리가 줄곧 젠더를 넓은 스펙트럼으로 생각했기 때문인 것 같아요. 또한 저는 그 애에게 자신의 어떤 모습을 좋아하는지 고민해보라고 했고요. 우리는 내내 함께 묻고, 함께 답을 찾아 나갔어요."

"저는 아들이 자신의 가슴을 좋아하지 않는다는 것을 알았어요. 그래서 유방 축소 수술의 사례가 있는지 찾아보기 시작했어요……."

궈 마마의 아들은 대학 때 처음 수술을 고민하기 시작했다. 당시 궈 마마는 신앙적인 고민에 빠졌다.

"저의 신앙은 하느님이 준 것은 자연스러운 것이라고, 자신의 신체를 훼손해서는 안 된다고 가르쳤어요. 하지만 후에 관점을 바꿔 생각해보니 하느님이 인간이 행복해지는 일을 막을 리가 없잖아요. 신체를 바꾸는 것이 스스로를 받아들이고 더 행복해질 수 있는 길이라면 안 될 게 뭐가 있겠어요."

궈 마마의 어투에서 자랑스러움이 묻어났다.

"아들의 성전환 여정을 우리는 함께 완성했어요. 사실 그 과정에서 아들은 호르몬 약을 복용하지도, 목소리를 바꾸려 하지도 않았어요. 신체에서 여성의 흔적을 숨기려 하지도 않았고요. 아들의 신체에는 여러 가지 남다른 특질이 있었어요. 그 애는 전형적인 남성의 외모를 가지려고 노력하지 않았어요. 그 모습 역시 그 애의 것이니까요."

궈 마마는 아들의 재탄생을 자신의 재탄생으로 여긴다. 수술의 고통과 수술 후의 회복 과정을 거치고 몸에 영원히 흉터를 남기며, 이 세상에 태어난 이상 진짜 자신으로 살겠다는 각오를 아로새기던 아들을 떠올리면 여전히 뜨거운 눈물이 흐른다. 궈 마마는 좋은 소식을 전하는 마을의 전령이라도 된 듯 서둘러 이웃에게 자신의 딸이 이제 '아들'이 되었음을 알렸다. 그러다 손가락질을 받을까 두려워하기는커녕 오히려 이렇게 생각했다.

"제가 그 사람들의 시야를 넓힌 거예요. 이제 세상이 변했다는 걸 알려준 거죠."

아들은 지금 미래에 며느리가 될 사람과 안정적인 동거 생활을 누리고 있다. 두 사람은 결혼 생활에 들어선 것이나 다름없고, 머지않아 결혼할 것이다. 사실 그들은 동성 결혼이 법제화되기 전에 이미 함께 집을 샀다. 궈 마마는 자식의 인생에서 중요한 매 순간을 함께 완성해갈 수 있어 더없이 만족한다.

숨어들던 사람에서 도움을 주는 사람으로

궈 마마는 최근 몇 년 동안 자기 자식에 그치지 않고, 많은 성소수자의 커밍아웃 과정을 돌보면서 그들의 가족과 손을 맞잡고 걸어왔다. 그래서 '숨어들던 사람櫃人'이 '도움을 주는 사람貴人'으로 변하는 기쁨을 누구보다 잘 안다. 궈 마마는 그 과정을 헌신이 아니라 배움이라 여긴다.

"하느님이 제게 특별한 아이를 주셔서 저는 다른 사람을 섬길 수 있는 기회를 얻었어요. 안 그랬으면 날마다 집에서 빈둥거리며 밥만 축내는 사람이 되었을 겁니다."

지난 몇 년 동안, 성소수자 가족을 위한 행사나 운동의 현장에는 늘 궈 마마가 있었다. 궈 마마의 가장 큰 임무는 동성애를 반대하는 사람이나 부모들의 우려와 분노를 불식시키는 일이었다. 2018년 국민투표가 지방 선거와 엮이면서 성소수자 반대 단체와 지지 단체 간의 대립이 극에 달했을 때 궈 마마는 극심한 스트레스로 결국 안면 신경 경련이 왔다.

"정말이지 끔찍한 경험이었어요. 저는 어떻게든 표를 끌어모으려고 매일 밤 잠들기 전에 사람들을 어떻게 설득할지, 오늘 어떻게 해야 더 잘 말할 수 있을지, 종교계와 생산적인 대화를 하려면 어떤 점을 개선해야 할지 등등 고민에 빠졌죠."

얼굴을 맞댄 직접적인 대화는 때로 상처만 남길 뿐 거의 아무것도 해결하지 못했다. 국민투표에서 압도적인 표차로 진 것에 당연히 실망했지만, 궈 마마는 어른으로서 성소수자 젊은이들이 걸어오는 수많은 전화에 귀찮아하지 않고 응답했다.

"젊은이들은 부모를 설득하는 데 우리가 도움을 줄 수 있기를 바랐죠. 하지만 그들의 아버지, 어머니가 하필이면 교회의 목사와 사모인 경우가 많았어요. 대화는 설전으로 치닫기 일쑤였고, 부모들은 성경 교리를 들이밀었죠. 어떤 문제들 앞에서는 정말이지 말문이 막혔어요."

"나중에 그들과 저의 가장 큰 차이점이 무엇인지 깨달았어요. 저는 성소수자의 부모이고, 알고 있는 성소수자도 많아요. 그래서 그들이 하느님 이야기를 할 때 저는 한 개인, 한 인간의 이야기를 하죠."

그렇게 힘들었던 몇 달을 어떻게 버텨냈는지 묻자 궈 마마는 힘들다고 느끼지 않았다고 대답했다.

"우리는 아직 한참 더 가야 해요. 결혼 평등 법안이 마침내 통과되었지만 아직 해야 할 일이 너무 많아요."

"당연히 굉장히 고무적인 사례도 있어요. 많은 사람들이 가족과 성공적으로 화해했어요. 부모는 대개 몹시 이해하고 싶어 해요. 하지만 보통…… 자식이 부모를 무시하는 경우가 더 많아요. 부모가 이해하지 못할 거라고 지레짐작하는 것이죠. 하지만 부모들과 대화해보면 그들이 자신의 아이를 얼마나 사랑하는지 느낄 수 있어요. 문제는 그들에게 정보가 부족하다는 것이에요. 제가 아는 부모들은 아이를 위해서라면 무엇이든 기꺼이 배울 준비가 되어 있었어요."

궈 마마는 심지어 바깥에서는 출중한 능력을 드러내는 성소수자 단체의 구성원조차 집에서는 자신을 표현하는 능력을 잃어버리는 경우를 종종 본다.

"자신을 받아들이는 일 이외에 부모도 받아들여야 해요. 성소수자 자녀는 부모가 함께 앞으로 걸어 나갈 수 있도록 그들을 사랑으로 이끌어야 해요. 저 역시 그저 평범한 보통 사람이에요. 제 아이가 아니었다면 저도 이 세계에 관해 이렇게 많이 알지 못했을 겁니다. 성소수자의 아버지, 어머니는 다른 사람들을 돕는 귀인이 될 수 있어요. 자기 아이를 이해한다면 거리에 나가 아무하고도 이야기를 나눌 수 있을 테니까요. 그렇게 되면 더 많은 사람이 이 세계를 이해할 수 있겠죠."

성소수자부모사랑협회는 사회경제적으로 안정적인 계층의 사람들과 지속적인 관계를 구축하고자 한다.

"우리는 이성애자는 물론 나이 든 사람들, 능력 있고 권력 있는 사람들, 법을 제정하는 사람들과 접촉하고자 부단히 노력하고 있어요."

성소수자는 부모에게 영향을 미칠 수 있고, 부모는 가족에게 영향을 미칠 수 있다. 그래서 궈 마마는 쉬지 않고 성소수자들에게 자기처럼 '얼굴을 드러내면서' 우리가 여기에 있다는 것을 사회에 알리라고 권한다.

빨리 결혼들 해요!

성소수자부모사랑협회는 설립 이후 지금까지 더 많은 부모가 동성애를 받아들일 수 있도록 설득하는 일에 매진하고 있다.

"어떤 사람이 제게 그러더군요. 어느 집 아이가 동성애자인데, 그 엄마가 불행해하는 것 같다고요. 저는 그 자리에서 그 사람에게 말했죠. '그 아이의 엄마를 알아요? 그 엄마는 불행하지 않아요. 즐겁고 행복하죠'라고요. 우리 사회는 줄곧 동성애자라면 불행할 거라고 오해해왔어요. 우리에게는 행복한 가족의 긍정적인 사례가 더 많이 필요해요."

그런 다음 궈 마마는 또다시 결혼을 재촉하는 수완을 발휘한다.

"2019년 동성 결혼 법안이 통과된 첫해에 결혼한 부부가 3000여 쌍이었어요. 그다음 해에는 2000쌍 남짓이었고요. 그러고는 코로나19의 기승으로 2021년에는 훨씬 더 줄어들지 않았겠어요? 법제화를 기다리던 연인은 지금쯤이면 이미 다들 결혼했을 테고……."

궈 마마는 왜 결혼하지 않는지 우리에게 일일이 묻고는 간곡하고 의미심장한 말을 덧붙였다.

"우리는 결혼은 좋은 것이고, 심지어 아이가 있는 것도 좋은 것이라고 자신 있게 말할 수 있는 긍정적인 문화를 만들어야 해요."

"동성 결혼이 법제화되면서 사실 많은 부모가 자녀의 성소수자 정체성을 더 쉽게 받아들이게 되었어요. 결혼할 수 있다는 사실에 적어도 심적으로 안정감을 느끼죠. 성소수자 가정이 어떻게 살고 사랑하는지를 이해하는 일은 성소수자 부모에게만 필요한 것이 아니에요. 결혼해서 행복하게 사는 성소수자 가정을 사회에 더 많이 보여줄 필요가 있어요. 그래야 우리는 자녀 양육이라든지, 보조생식기술이라든지 더 많은 권리를 추진해갈 수 있어요."

궈 마마는 동성 결혼 법제화가 가족의 성 역할에 변화를 불러올 수 있기를 기대한다.

"과거에는 많은 가정에서 가사 노동을 성별에 따라 분담했지만, 성소수자 가정에서는 그런 것이 필요치 않아요. 각자 자신이 잘하는 일을 하면서 가사 노동을 더욱 균형 있게 분담하죠. 지금의 이성애 결혼보다 더 훌륭하지 않나요?"

과거에는 성소수자들이 결혼을 선택지의 하나로 생각할 수 없었다. 궈 마마는 무수한 난관을 극복하고 이제 가까스로 결혼할 수 있게 된 마당에 "여러분 과감하게 얼른 결혼들 해요"라고 호소하는 것을 잊지 않는다.

Q&A

선함이란 무엇인가요?

자신의 삶이 그럭저럭 잘 굴러가면 다른 사람도 잘됐으면 하고 바라는 것, 저는 이게 선함의 출발이라고 생각해요. 누구나 더 나은 삶을 살 자격이 있지요. 다른 사람이 더 나은 삶을 살도록 조금이라도 돕는다면 그 사람의 가치관을 바꿀 수도 있다고 봐요.

사랑이란 무엇인가요?

사랑은 책임이고 인내죠. 사랑 안에서 두 사람은 하나로 얽히기도 하고 타협하기도 해요. 그런 타협이 개인의 성장을 이끌 수 있어요. 함께할 때 상대에게 무엇인가를 배울 수 있고, 관계는 늘 조율이 필요한 법이니까요. 우리 집 주방장은 남편인데, 제가 "아흔 살까지 당신이 내 끼니를 책임져"라고 말하는 것처럼요.

쿼 마마의 커밍아웃 가이드

무엇보다 부모와의 관계를 나쁘게 만들지 말아요! 3년 동안 집에 가지도, 연락하지도 않겠다고 하지 말아요. 그러면 어떻게 성공할 수 있겠어요? 대신 아래의 단계를 따르세요.

❶ 언제 처음으로 자신의 정체성에 관해 스스로 질문했는지 그 순간과 상황을 이야기하세요.

❷ 정체성을 확신한 계기와 그때의 마음을 나누세요.

❸ 성소수자로서 겪었던 커다란 경험과 교제했던 상대, 참여했던 행사 등 주요한 순간을 공유하세요.

❹ 지금의 연애 상태에 대해 이야기를 나누세요(교제하는 상대가 있을 때 말하는 게 좋겠죠. 실연은 좋은 때가 아니랍니다).

❺ 앞으로 어떻게 살고 싶은지 그 바람을 나누세요. 누구와 함께하고 싶은지, 고양이를 기르고 싶은지, 아이를 기르고 싶은지 등등. 부모는 자녀가 미래에 가족을 갖지 못할까 봐 걱정한답니다. 커밍아웃은 과학이 아니에요. 부모와 자식이 함께하는 시간이 필요하죠. 그래야만 부모는 자식의 심정과 발버둥을 이해할 수 있어요.

당신을 사랑하는 사람과 당신이 사랑하는 사람, 그들 앞에서 당신이 흔쾌히 진정한 자신이 될 수 있기를 바랍니다.

스스로 옳다고 생각하는 자리에 당연하게 서 있을 뿐

원전링溫貞菱

배우

장대비 끝에 우리는 함께 떠오른 무지개를 보았다. 지금까지 함께할 수 있었으니 앞으로도 계속 함께할 수 있으리라. '국제 동성애 혐오 반대의 날'에 들려온 좋은 소식, 누구나 평등하게 살 권리, 이제 결혼할 수 있게 되었다. Let's get married.
#흠뻑_젖었으니_집에_가서_따뜻한_물로_목욕하자

2019년 5월 17일 인스타그램에는 입법원 바깥에서 원전링이 절친인 야오아이닝姚愛寗을 끌어안고 있는 사진이 올라왔다. 어디로 튈지 모르는 두 여성 배우는 흠뻑 젖은 머리카락이 이마에 들러붙어 눈을 찡그리면서도 여전히 환하게 웃고 있다. 원전링은 2016년 즈음에 처음으로 결혼 평등에 대한 지지를 공개적으로 밝힌 뒤 결혼평등권운동이 한창이던 3년여의 시간 동안 관련 행사에 거의 빠지지 않고 참석했다. 성소수자 문제에 예전부터 관심이 있었을 줄 알았는데 뜻밖에도 아니라는 답변을 내놓았다. 결혼평등권운동을 접하기 전에는 평등한 권리가 쟁취해야 할 '과제'인 줄 몰랐다면서.

왜 동성을 좋아하면 안 되지?

"처음 참여했을 때 저는 굉장히 낙관적으로 봤어요. 제 별자리는 물고기자리인데요. 몽환의 세계에 젖어 모든 것을 마냥 아름답게만 여겼는지도 모르죠. 훗날 거리에 나서고 활동에 참여하면서 현실을 직시하기 시작했어요. 알고 보니 제가 가지고 있던 생각은 사회의 어느 특정 계층과는 심각하게 어긋나 있더라고요."

당시 채 스물다섯 살이 되지 않았던 원전링은 너무나 기본적인 권리라서 힘을 합쳐 목소리를 내고 정부에 전달하면 바뀔 거라고 생각했다.

욕망이 싹트는 중고등학교 사춘기 시절에 원전링은 주변의 여학생들이 여자친구를 데리고 다니는 것에 진작부터 익숙했고, 자신도 열일곱 살 때 한 여학생에게 끌렸다.

"그때에도 저는 제 성적 지향에 문제가 있다고 생각하지 않았어요. 저는 동성 간의 끌림이 왜 나쁜지, 혹은 바르지 못한지 진짜 모르겠더라고요. 반대로 성적 지향이 다른 것을 이해하지 못하는 것이 오히려 이상하게 느껴졌죠."

원전링은 지금도 가끔 동성 친구에게 끌리지만 "좋아하는 정도가 사랑에 이르는지 아닌지는 또 다른 문제죠"라고 말한다. 동성애를 반대하는 사람도 있다는 것을 상상할 수 없었던 원전링은 길에서 동성애에 반대한다는 팻말을 든 사람을 처음 보았을 때 속으로 '저 사람은 자신이 든 게 무엇을 의미하는지 모르는 게 아닐까?'라고 생각했다.

이 순진무구함은 무용한 것이 아니었다. 원전링은 몇 년 동안 운동에 참여하고 단련되면서 자신이 당연하다고 생각하던 것들을 다시 새롭게 사유했다.

"제가 스스로 옳다고 생각하는 자리에 당연하게 서 있는 것처럼, 어쩌면 그들 역시 자신이 옳다고 생각하는 자리에 그렇게 당연하게 서 있는지도 모르죠."

원전링은 수년에 걸친 성소수자권리운동을 돌아보면서 시간이 흐르면 결국에는 진전이 이루어질 거라 말한다.

"성소수자권리운동이 막 시작되었을 때는 제가 태어나기도 전이었어요. 모든 사람이 자신의 영향력을 활용해 소통하고, 그 일을 지속해나간다면 상황은 점점 더 나아지리라고 봐요."

그러면서 러시아에서 유학할 때의 경험을 꺼내놓았다. 러시아 현지 여성과 대화할 때 자신이 결혼 평등권을 지지한다고 이야기하자 상대방은 뜻밖에도 무슨 말인지 전혀 이해하지 못했다.

"열아홉 살이었던 그 여성은 모스크바 거리에서 동성애자를 한 명도 만나본 적이 없었어요. 그제야 저는 대학 시절에 누군가 제게 했던 말이 떠올랐어요. 동성애자가 러시아의 길거리에서 공개적으로 애정표현을 하면 구타당할 수도 있다고요."

원전링은 귀국하고 6개월이 지난 어느 날 그 여성에게서 뜻밖의 문자 메시지를 받는다.

"그 여성은 아주 흥분해서 말했어요. 자기 인생에서 처음으로 바에서 게이를 만났고, 심지어 그 사람에게 말도 걸었다고요."

폐쇄적인 사회에서는 성소수자와 마주치는 일이 이렇게도 특이한 경험이 된다.

"저는 제가 운이 좋은 사람이라고 봐요. 성인이 될 때까지 성소수자를 만날 기회가 없어 그들을 전혀 이해하지 못하는 이 여성과 달리 저는 성소수자를 접할 기회가 있는 환경에서 자랐으니까요."

원전링에게 성소수자의 권리를 지지하는 일은 선택이 아니라 학교에서 친구를 사귀는 것처럼 자연스러운 일이다. 원전링은 자신이 이런 인식을 갖게 된 것을 행운으로 여긴다.

다타카이, 계속해서 싸우자!

"제가 스물다섯 살이 되기 전에 첫 동성 결혼을 볼 수 있기를 바랍니다."

2017년 원전링은 〈최후의 시구最後的詩句〉로 제52회 진중장金鐘獎 미니시리즈/TV영화 부문 여자주연상을 수상한다. 무대에 오른 원전링이 입을 열자마자 한 말이 바로 저 말이다. 원전링은 대중 앞에 서는 사람이지만, 자기 의견을 피력하는 일에 거리낌이 없다. 자신과 반대되는 의견을 가진 사람이 많다는 것을 잘 알고 있고, 그 사람들이 자신이 나오는 드라마의 시청자일지도 모르는데 말이다.

“저는 믿어요. 설령 두 사람이 진심으로 사랑하는 관계라 할지라도 사람과 사람 사이에는 맞춰가야 하는 일들이 많다는 것을요. 처음부터 완벽하게 맞아떨어지는 사람은 없어요. 생각과 가치관을 놓고 대화를 많이 해야 해요.”

이런 신념을 가진 원전링은 팬을 잃을까 두려워하기보다는 오히려 대화의 기회를 갈망한다.

“저는 진짜로 비판적인 말들을 많이 들었어요. 성소수자의 권리를 그렇게까지 강력하게 지지하는 걸 보면 틀림없이 부치일 거라는 말까지 들었죠. 하지만 그런 말을 들을수록 더 힘껏 지지하고 싶어졌어요.”

원전링은 늘 상처받지 말라고 자신을 다독인다. ‘성소수자 친구들은 언제나 이 같은 상처에 노출되어 있지 않은가’라면서 말이다.

“성적 지향이든 성별이든 인정받지 못하는 사람은 태어난 순간부터 언제 어디에서든 상처받을 수 있어요. 상처 주려는 말을 들을 때마다 색안경을 끼고 바라보는 시선 속에서 살아온 성소수자들이 떠올라서 늘 마음이 아파요.”

2018년 국민투표에서 참패했을 때 원전링 역시 다음과 같은 심정으로 버텨냈다.

"집으로 돌아와서 먼저 한바탕 울었어요. 그러고는 이내 마음을 추슬렀어요. 그것이 결과라고 생각하면 어떤 희망도 남지 않잖아요. 곧바로 그 일에 대한 사람들의 반응을 살폈죠. 그리고 기운 나는 글들을 친구들에게 보내주었어요. 친구들이 우리가 원하는 방향으로 전진할 수 있는 기회가 여전히 있다고 믿기를 바라면서요."

다시 일어서는 힘은 역시나 성소수자를 아끼는 마음에서 나왔다.

"내가 지금 상처받았다면 성소수자들은 어떨까?"

말은 이렇게 했지만, 원전링은 자신이 '타인'을 위해 권익 쟁취에 앞장선다고 생각하지는 않는다.

"저는 우리와 그들을 구분하지 않아요. 제가 결혼 평등을 지지하는 것은 제 자신의 권리, 미래의 아이의 권리를 지지하는 것과 같아요. 어쩌면 지금 당장은 모를지라도 당신 곁의 누군가의 권리일지도 몰라요."

특별법이 가장 완벽한 해답은 아닐지 모르지만 비 온 뒤 뜬 무지개처럼 이미 충분히 축하할 일이다. 원전링은 아직 갈 길이 멀다는 것을 잘 알고 있다. 하지만 2019년 5월 17일 인스타그램에서 했던 말처럼 함께 끝까지 싸우고자 말한다.

"저는 최근에 〈진격의 거인〉이라는 애니메이션에 푹 빠졌는데요. 거기에서 '다타카이戦い(싸움이다)! 계속 싸워라!'라는 말을 배웠어요. 사회에는 우리가 이해하고 배우고 바꿔야 할

일들이 아주 많아요. 제가 이런 과정을 통해 다른 모든 사람과 함께 더 나은 내일을 향해 나아갈 수 있으면 좋겠어요."

다타카이, 쓰러져도 다시 일어나자. 우리 모두는 혼자가 아니라는 걸 잊지 말자.

Q&A

선함이란 무엇인가요?

애덤 스미스는 자신의 마음을 따라 이타적인 행동을 하는 것이 가장 큰 선이라고 했죠. 제가 동성 결혼을 지지하는 것도 바로 그런 이유에서입니다.

사랑이란 무엇인가요?

사랑은 바로 자신이 사랑하는 사람이 행복하길 바라면서 보답을 바라지 않고 기꺼이 베푸는 것이죠.

정상이란 무엇인가요?

이해하지 못할 때 우리는 누군가가 정상적이지 않다고 생각할 수 있어요. 하지만 세상은 넓고, 서로 다른 많은 사람들이 있어요. 이것이야말로 정상이에요. 우리는 이해하지 못한다고 해서 남들을 바꾸려고 해서는 안 돼요.

승리를 위해 지방을 움직이다

리즈천李芝晨

당시에는
결혼평등권빅플랫폼
타이난 지부 책임자였고,
지금은 부동산
중개인으로 일한다.

성소수자권리운동에서 이름이 전면에 드러나지는 않지만 늘 최전선에 서 있는 사람들이 있다.

"이 책의 인터뷰 명단을 보면서 나를 인터뷰하는 것이 좋은 생각일까 고민이 되었어요."

결혼평등권빅플랫폼의 타이난 지부 책임자였던 리즈천은 심사숙고한 끝에 성소수자권리운동의 고통과 영광을 기록하는 이 책에 지역 사회가 했던 역할도 포함되었으면 하는 마음에서 인터뷰에 응하기로 결정했다.

이제 막 운전면허를 딴 리즈천은 초보 운전자로 길을 나서서 겨우 차를 세우고 들어왔다. 젊지만 분위기를 이끌어가는 모습이 서툴지 않았고, 학창 시절에 이미 여성운동에 뛰어들었던 사람답게 패기가 넘쳤다. 앉자마자 편안한 분위기를 조성하면서 일하며 몸에 밴 친절을 처음부터 자연스럽게 드러냈다. 2018년에 리즈천은 바로 이곳에 앉아 혼자서 윈린雲林, 자이嘉義, 타이난 지역을 맡아 관리했다. 자원봉사자를 모집하고 훈련하는 일을 포함한 모든 일이 타이난새싹협회 사무실 한쪽에 놓인 이 작은 작업 책상에서 비롯했다.

한 이성애자의 정치적 계몽

리즈천은 사회운동에 뛰어들었지만, 처음부터 성소수자권리운동에 관심을 둔 것은 아니었다.

"저는 어렸을 때 아버지의 영향을 받아 동성애를 혐오하는 사람이었어요……."

리즈천의 아버지는 지역에서 잘 알려진 사람으로, 아버지의 사업장이기도 했던 집에는 수많은 사람이 드나들었다. 그들은 차 테이블에서 접대를 받았는데, 테이블에 앉은 어른들은 텔레비전 화면에 비친 마잉주馬英九 총통을 보며 "동성애자, 앵앵거리는 말투에 말도 제대로 못해"라고 비아냥거렸다. 그때는 '젠더 표현gender expression'이 무엇인지 이해가 부족하던 시절이다.

"예전에 쑤다뤼蘇打綠, Sodagreen라는 밴드의 보컬 우칭펑吳青峰이 주스 광고에 나와, 주스를 다 마신 뒤에 '아' 소리를 낸 적이 있어요. 그 광고를 본 아버지는 '짐승 같은 놈死腳仔'이라고 욕설을 내뱉었고 저 역시 아버지를 따라 했죠. 그 시절에 저는 제 주변에 성소수자가 있으리라고는 상상조차 못 했어요. 게다가 제가 사는 곳은 남부 지방, 타이난이잖아요. 있었다 한들 감히 커밍아웃이나 할 수 있었겠어요."

2001년 두슈란杜修蘭의 소설을 각색한 커이정柯一正 감독의 드라마 〈역녀逆女, Forbidden Daughter〉를 통해 리즈천은 동성애를 처음 접한다. 〈역녀〉는 타이완에서 처음으로 레즈비언 이야기를 다룬 드라마이다. 이어 2003년에는 타이완이라는 특정한 시공간을 살아가는 게이의 삶을 다룬 바이셴융白先勇의 소설을 각색한 〈얼자孽子, Crystal Boys〉라는 드라마가 방영된다. 이 두 드라마는 성소수자의 주체성과 정치의식을 일깨웠다.

“두 드라마로 인해 저는 성소수자에 관심을 갖게 되었고, 책도 빌려 보면서 막연하게나마 ‘동성애’가 무엇인지 인식하기 시작했어요.”

여고를 다녔던 리즈천은 남성적인 선배 언니와 여성적인 선배 언니 사이에 연애 감정이 싹트는 것을 보았다.

“그 당시에는 저들도 결국에는 남자친구를 사귈 거라고 생각했어요.”

리즈천이 고등학교를 졸업하던 해에 타이완에서는 학생 조직을 중심으로 언론의 자유를 지키기 위한 언론독점반대운동이 일어났다. 리즈천은 이를 계기로 각성한다.

“당시 저는 황궈창黃國昌*의 열렬한 팬이었어요. 인터넷으로 많은 자료를 읽기도 했고요. …… 제 대학 전공도 마침 공공행정과 관련이 있었어요. 학과 교수님들은 그런 사회 문제에 대해 더 많이 배우라고 격려해주셨지요.”

2014년 3월 18일 청년들은 육체적, 정신적 유혈 사태를 경

* 타이완의 정치인이자 법학자, 사회운동가이며 양안서비스무역협정에 반대하며 일어난 청년운동인 해바라기운동을 이끈 장본인이다. 제도권 안에서 청년의 목소리를 내겠다며 창당한 시대역량에 입당한 후 당 대표를 지냈다.

험한다. 〈굿 나잇, 타이완晚安台灣〉* 은 잠들기 전 마음속으로 되뇌는 위로와 격려였다. 리즈천 역시 현장에 있었고 한 시대의 덜컹거림을 목격했다.

2015년, 총통 선거를 앞두고 여러 제3의 세력이 형성되기 시작하면서 타이완의 양대 정당 체제에 균열이 일기 시작한다.

"당시 뤼신제는 사회민주당을 대표해서 출마했어요. 멀리서 지켜보는 제게는 여신 같은 존재였죠."

얼마 뒤에 리즈천은 녹색사회민주당연맹 후보로 나온 양즈다楊智達를 알게 된다. 성소수자인 양즈다로 인해 리즈천은 성소수자권리운동에 관심을 갖게 된다.

내가 올린 글이 다른 사람의 삶에 영향을 미칠 수 있구나

2016년 총선에서 리즈천은 먀오보야의 선거운동 조직에서 자원봉사자로 일한다.

"훗날 저도 즈다의 팀에 합류했고 자원봉사를 할수록 깊이 개입하게 되었죠. 즈다는 농담조로 제가 오히려 사무실의

* 〈굿 나잇, 타이완〉은 타이완의 록 밴드 소화기밴드滅花器樂團가 2009년에 발표한 곡이다. '어둠은 결국 지나갈 거야. 해가 뜨면 날이 좋아질 거야'라는 가사로 희망적인 메시지를 전하며 여러 사회운동 현장에서 많이 불린다. 2014년 3월 18일 해바라기운동이 시작되고, 얼마 후인 3월 29일에 소화기밴드는 이 곡을 해바라기운동을 지지하는 사람들이 무료로 사용해도 좋다는 뜻을 공개적으로 밝혔다.

책임자 같다고 했어요. 먀오보야와 양즈다는 모두 공개적으로 커밍아웃한 후보였어요. 저는 그들의 선거운동에 뭔가 도움이 되고 싶었어요. 어떻게 하면 그들의 정체성을 대중에게 잘 알릴 수 있을까 고민하게 되었어요."

리즈천은 선거운동을 하면서 자연스럽게 성소수자가 겪는 사회적 차별을 목격한다. 타이완 남부의 유권자들이 성소수자들에게 모욕을 주는 일은 일상다반사였고, 전단지를 얼굴에 던지는 행동도 서슴지 않았다.

"당시 불의에 욱하는 청년이었던 저는 툭하면 페이스북에 분노를 표출하는 글을 올렸어요. 제 페이스북 친구들은 점차 제 정치적 성향을 알게 되었지요. 누군가 제게 그러더군요. 제 발언과 사회적 분위기 덕분에 한층 더 용기를 내서 커밍아웃할 수 있게 되었다고요."

한 이성애자의 '호의'가 이렇게 여실히 다른 사람의 삶에 영향을 미칠 수도 있다. 이제 리즈천이 소셜 미디어에서 교류하는 사람의 60퍼센트 이상이 성소수자이다.

"2018년에 타이난에서 제3회 프라이드 퍼레이드를 개최하려고 했어요. 하지만 타이난에는 이를 조직할 대규모 운동단체가 없었죠. 그래서 '타이난 무지개퍼레이드연맹'이라는 이름을 내걸고는 즈다가 총책임자를 맡고 저도 한 자리를 맡았어요."

리즈천은 퍼레이드의 허가를 받는 일부터 자원봉사팀을

꾸리는 일까지 모두 책임지며 활동에 정식으로 뛰어든다. 그 뒤 2018년 동성 결혼 법안을 국민투표에 부치기로 했다는 소식을 듣고는 양즈다의 소개로 뤼신제를 만나 2018년 국민투표를 위한 지역 활동에 참여하기로 하고, 결혼평등권빅플랫폼의 타이난 책임자가 된다.

국민투표를 위해 지방을 움직이다

당시 타이중과 타이난, 가오슝에는 각기 한 사람씩 지역 담당자가 있었다.

"그해 선거에서는 열여덟 살도 국민투표에 참여할 수 있었어요. 그래서 거리로 나가 유인물을 돌려도 되겠다 싶었죠. 하지만 2018년 당시 기존의 언론 매체는 이 일에 도통 관심이 없었어요. 거리에서 아무리 외쳐도 관심을 보이지 않더군요."

아무도 목소리를 내지 않을 때 내는 것이야말로 개척자의 사명이다. 국민투표가 가까워질수록 리즈천은 조직 확대, 자료와 장소 확보만으로도 눈코 뜰 새 없이 바빴다. 그 와중에 지역 후보자들을 만나고 지역의 이익 단체들과도 협력했다.

"국민투표가 다가올수록 다들 불안해했어요. 저는 공식적인 중간 창구나 다름없어서 지역 자원봉사자들의 목소리를 전달하는 일도 해야 했어요. 그들은 지역으로 오는 자원이 늘 너무 늦다고 생각해서 제가 좀 더 힘을 써주기를 바랐지요. 저는 두 주에 한 번 꼴로 타이베이에 가서 회의에 참석한 뒤 그 내용을 지역의 자원봉사자들과 공유했어요."

거리가 멀다는 문제뿐 아니라 동원할 수 있는 역량과 운용할 수 있는 자원이 제한적이었다. 그러나 우리는 2016년을 기점으로 타이베이 총통부 근처의 시위 장소인 카이다거란대로에서 집회가 열릴 때마다 타이완의 남부 도시에서 지지자들을 가득 태운 전세 버스들이 줄줄이 올라오던 장면을 생생히 기억하고 있다. 남부 지역의 지원이 없었다면, 2016년의 결혼 평등권 지지 콘서트는 25만 명의 사람을 모으는 역사적인 현장을 만들어내지 못했으리라. 한정된 자원으로 최대치의 효과를 거두는 전쟁을 치르기란 모든 사람에게 정말이지 쉽지 않은 일인데 말이다.

장소 물색, 부스 설치, 자원봉사자 모집, 강연회 개최, 전단지 홍보 등 다소 옛날 방식으로 운동의 분위기를 조성했던 리즈천은 "타이난의 조직력은 실은 법안 관련 조직보다는 성소수자 친화적인 가게들에서 나왔어요"라고 말했다. 문학청년이 운영하는 독립 서점부터 카페, 전통 식당, 지역의 먹거리 노점상에 이르기까지 상점 하나하나를 찾아가 무지개 깃발을 꽂고 지지를 이끌어냈다. 그렇게 해서 2018년 한 해에 무지개 깃발을 내건 가게만 해도 300여 곳에 달한다.

이성애자로서 성소수자권리운동에 뛰어들었을 때 리즈천은 그 진정성을 의심받을 수밖에 없었고, 간혹 친밀함을 넘어서 고백을 해오는 자원봉사자들도 있었지만 상대방에게 상처를 줄까 봐 거절 의사를 명확하게 밝히지 못하곤 했다. 국민투표 직전에 한 자원봉사자가 거리에서 전단지를 나누어 주다가 거부를 당한 일이 있었는데, 리즈천이 다가가 위로하자 그 사람은 외려 이렇게 말했다.

"그래요. 맞아요. 국민투표 결과가 어떻게 나오든 어차피 당신 같은 이성애자와는 무관한 일이죠."

"그 사람의 기분을 이해하지 못하는 바는 아니지만, 그때는 정말이지 크게 상처받았어요."

국민투표를 앞두고 모두가 감정적으로 예민해지자 결혼평등권빅플랫폼에서는 동료들의 정신건강을 돌볼 수 있는 시스템을 구축했다. 하지만 리즈천은 단체의 리더로서 자신을 돌보는 일은 뒷전으로 미루고 다른 사람의 감정을 우선적으로 고려했다. 국민투표가 있던 날 밤, 타이베이 본부는 각 지역 사무실과 화상 회의를 열고 실시간 개표 상황을 함께 지켜보았다.

"국민투표 패배는 말할 것도 없고, 가오슝 시장으로 국민당의 한궈위韓國瑜가 당선되자 다들 정신적으로 심하게 타격을 받았죠. 그날 우리는 바로 이곳에서 술을 마시고 기타를 치면서 함께 시간을 보냈어요."

당시 실망한 성소수자 친구들이 어디로 갔는지 찾을 수가 없다는 연락을 각 조직으로부터 받으며 리즈천은 줄곧 이렇게 생각했다.

"모두 정말 열심히 노력했어. 여기서 포기할 순 없어."

엄마의 걱정을 덜다

말을 조리 있게 잘하는 리즈천은 부동산 중개업을 하던 어머니의 일을 물려받았는데, 2018년 국민투표가 끝난 뒤 일터로 복귀했다. 이는 운동할 때 받은 상처를 내려놓고 새롭게 출발하는 일이기도 했다. 리즈천은 성소수자권리운동을 하는 동안 '집'의 진정한 의미를 이해하게 되었고, 집을 소개하는 과정에서 함께 집을 구하러 다니는 성소수자를 만나기도 했다. 가족의 의미부터 집의 의미까지 리즈천이 주장하고 소통하고자 했던 이상은 단지 사회를 향한 것만이 아니라 자신의 가족을 향한 것이기도 했다. 리즈천이 성소수자권리운동을 할 때 간간이 성소수자 관련 출판물이 집으로 배달되곤 했다.

"우리 아버지는 줄곧 제가 아직 커밍아웃하지 않은 동성애자인 줄 알았을걸요."

리즈천은 대놓고 이야기한 적은 없지만, 가끔 아버지와 라인으로 대화할 때 가짜 뉴스와 정치적으로 올바르지 않은 발언을 지적하곤 했다. 그 결과 고지식한 아버지도 서서히 딸의 영향을 받아 국민투표에서 성소수자를 지지하기에 이른다.

리즈천이 국민투표를 위해 동분서주하던 그해, 리즈천의 어머니는 건강상의 문제를 겪었다. 어머니는 딸이 아픈 자신과 더 많은 시간을 보내지 않는 것을 속상해했다. 한편으로 성소수자권리운동에 뛰어든 딸이 있고, 다른 한편으로 반동성애를 외치는 교회의 영향을 받던 어머니는 국민투표 하루 전날 비록 리즈천이 기대하던 투표를 하지는 않았지만 최종적으로 기권을 선택했다. 이후 어머니는 양즈다의 결혼을 계기로 더 큰 변화를 맞이했다.

"그들은 정말 성대한 결혼식을 치렀어요. 축의금을 대체 얼마를 내야 하는지를 놓고 엄마와 토론을 벌이기까지 했다니까요. 이렇게 좋은 친구가 있어 얼마나 감사한지 모르겠어요. 성소수자들의 면면이 이렇게 일상생활 속, 우리 가까이에 있다는 것을 엄마한테 보여줄 수 있잖아요."

딸을 통해 동성애자 친구의 결혼 생활을 일상다반사로 듣는 사이에 어머니는 어느 순간 마음속 경계를 내려놓았다. 최근 〈서른 살까지 동정이면 마법사가 될 수 있대〉라는 남성 동성애자의 연애를 다룬 일본 드라마를 같이 보면서 어머니는 "이 사람이 남자 주인공이야? 오 잠깐, 이 사람도 남자 주인공이구나? 아, 이쪽이 양즈다 쪽인가?"라고 물었다.

"저는 이것 역시 기회라는 생각이 들었어요. 엄마도 저와 함께 드라마에 푹 빠져들었죠. 구로사와 유이치黑澤優一가 아다치 기요시安達清의 머리를 만질 때 글쎄 엄마가 '아이고, 귀여워라'라고 말했다니까요."

노심초사했던 어머니 역시 서서히 동성애 관계를 정상으

로 보기 시작했고, 집으로 돌아온 리즈천과의 화해의 문도 열렸다. 지금은 양즈다와 홍궈펑洪國峰에게, 그리고 유이치와 기요시에게 감사할 따름이다. 유이치가 기요시의 머리를 만질 때 어머니의 조바심은 흩어지고 그 자리를 마법이 가득 채웠다. 온 동네에서 더 다양한 '집'의 형태를 목격하게 되었다.

Q&A

정상이란 무엇인가요?

타인에게 피해를 주지 않는다면 당신이 좋아하는 것, 그게 바로 정상이에요. 다른 사람이 그것을 좋아하든 싫어하든 상관없이요.

사랑이란 무엇인가요?

가족 간의 모든 충돌을 꼭 다 해결하거나 극복해야 하는 것은 아니에요. 저와 엄마 사이에는 거의 매일같이 크고 작은 충돌이 있지만, 소통 역시 끊이지 않죠. 그렇게 함께 지내며 내일을 맞이해요. 설령 싸운다 하더라도 자고 일어나면 같이 아침을 먹어야 한다는 것을 알죠. 이것이 바로 사랑이에요.

타이완의 성소수자권리운동은
1980년대로 거슬러 올라가지만 큰 돌파구를 마련한 것은 2016년부터
2019년까지의 짧은 기간으로 성소수자 권리 단체로서는 이
3년이 결정적인 싸움을 벌여 승리한 시간이라 할 수 있다.

|

2019년 타이완은 아시아에서 최초로 동성 결혼을 인정한 국가로
발돋움한다.「사법원 석자 제748호 해석 시행법」이 탄생한 배경에는
각자의 길을 가던 성소수자권리운동 단체와 여성운동 단체가
최대의 공감대를 이루기 위해 치른 민주주의 훈련이 있었다.
타이완 성소수자 상담핫라인협회를 포함해 여성자각재단, 타이완
성소수자 가족권익촉진회 등의 단체가 결혼평등권빅플랫폼이라는
이름으로 한데 모여 목소리를 낸 뒤에야 맞이한 서광이다.

|

물론 그 과정에서 굽이굽이 많은 우여곡절을 겪었다. 조직
안팎의 기대와 부담을 짊어진 활동가들은 순식간에 돌변하는
정치 지형과 사회 환경 때문에 셀 수 없이 많은 밤 무겁게
내려앉는 눈꺼풀을 붙든 채 '긴급회의'를 이어갔다. 동성 결혼이
법제화된 지 2년이 지난 지금, 그들은 처음으로 그 험난한
여정을 되돌아보고자 다시 모여 긴급회의를 재연했다.

참가자

무지개평등권빅플랫폼

뤼신제, 덩주위안鄧筑媛,
차오청시曹承羲(메이커), 궈이팅郭宜婷

타이완 성소수자 상담핫라인협회

펑즈류彭治鏐(야맹夜盲) 부비서장,
두쓰청杜思誠(샤오두小杜) 정책 홍보 책임자

여성자각재단

쩡자오위안曾昭媛 선임 연구원, 린스팡 이사

타이완 성소수자 가족권익촉진회

차이상원蔡尚文 전 부이사장

타이완 성소수자 인권법안로비연맹

쑤산蘇珊(신디Cindy) 집행위원장

GagaOOLala

린즈제(제이Jay) 설립자

긴급회의
여섯 장면

3부

타이완에서 동성 결혼을 허용하는 새로운 법안이 순조롭게 추진된 데는 결혼평등권빅플랫폼(현재의 무지개평등권빅플랫폼)의 통합과 추진이 큰 몫을 차지한다. '빅플랫폼大平台'이라는 미스터리한 단어는 지금까지도 그 뜻이 모호하지만, 결혼평등권을 추진하는 데는 의외로 적합한 호칭이지 않았나 하는 생각이 든다. 여러 단체의 많은 사람이 한데 어울려 넘실대는 사랑으로 만든 커다란 장, 빅플랫폼을 열어젖혔으니까.

결혼 평등권은 성소수자의 권리 중 일부에 지나지 않지만, 방방곡곡에서 온 성소수자 단체와 여성 단체는 손을 맞잡고 최대의 공약수를 찾아내려 고심하고 의견이 어긋날 때면 다름 가운데서 공통적인 부분을 찾기 위해 애를 썼다. 그렇다면 이들은 처음에 어떻게 한 배를 타게 되었을까?

> 결혼평등권빅플랫폼은 처음에 어떻게 모든 역량을 '결혼 평등권'을 실현하겠다는 목표로 집중해 출범할 수 있었나요? 각 단체의 자원은 또 어떻게 통합할 수 있었죠?

신제 어, 잠깐. 우리가 어떻게 이 단체를 만들었죠? (전혀 기억하지 못함.)

다들 웅성대며 아마 유메이뉘 국회의원 때문일걸요?

자오위안 제가 설명하죠. 저와 주위안은 그전에 유메이뉘 의원의 보좌관이었어요. 2019년부터…… 아니다, 하하하. (상원이 "퇴근하고 싶은 거죠?"라며 끼어든다.) 2012년부터 2015년까지네요. 그 무렵 저는 여성자각재단에서 일했는데 그때 유 의원을 알게 됐어요.

2016년 결혼평등권빅플랫폼 결성을 위해 모이기로 한 전날 밤에 마침 유 의원이 재선에 성공해요. 그전 회기에 결혼 평등권 법안을 통과시키지 못했으니 입법원에서는 '회기 불연속 원칙'에 의거해 법안을 새로 발의해야 했어요. 2013년 타이완 반려자 권익촉진연맹은 정리쥔 의원에게 결혼 평등권 법안을 발의하라고 로비를 했고, 유 의원은 그 법안의 공동 발의자였죠. 유 의원은 2016년 2월 새로운 회기가 시작되자 정 의원에게 법안을 다시 발의할 의향이 있는지 물었고, 정 의원이 차기 문화부 장관으로 갈 예정이라는 것을 알게 되죠. 2014년 정 의원이 발의한 법안은 법리가 너무 많아 자원이 낭비된다는 반대 측의 지적을 받은 터라 유 의원은 자신이 아예 새로 만들기로 결정했어요. 자신이 만든다면, 새 초안은 어느 성소수자 단체와 협력해 만들 것인가를 놓고 토론을 했지요. 간단하게 이야기하면 이래요. (상원이 "당신은 한 번도 간단하게 말한 적이 없거든요?"라고 말했다.)

신제　그럼 신디와 제이는 어떻게 합류한 거죠? 누가 회의에 초대했어요?

신디　유 의원 쪽에서 찾아왔어요.

제이　퀴어모사 시상식Queermosa Awards*에 갔을 때, 신제 당신이 나한테 의사를 타진했잖아요. 나는 분명히 기억하는데. 당시 유 의원도 같이 최선을 다해보지 않겠느냐고 물었죠.

신제　오, 맞아요. 기억나요. 그때 그 장면!

제이　워워워. 아마 당신은 그때 술을 꽤 마셨을걸요.

신제　그날 밤에 확실히 많이 마시긴 했어요. …… 그러고 나서 우리는 온라인으로 기금을 모으기 위해 이름을 짓자고 한 것 같은데?

자오위안　맞아요. 온라인 모금을 해야 해서 그때서야 무슨 연맹이라든가 하는 이름을 짓자는 논의를 시작했죠. 그전에 우리가 조직한 대규모 집회는 죄다 모든 단체가 공동으로 개최한 것이었고요.

신제　우리 단체 이름들이 하나같이 길잖아요. 매번 이름을 부르는 데만 한참 걸리곤 했는데, 그 모든 단체의 이름을 일일이 열거할 수도 없고. 하지만 무슨 정보 사이트

* 타이완 성소수자 커뮤니티에 목소리를 낼 기회와 용기, 희망을 주기 위해 만든 상.

나 연맹 같은 건 너무 고리타분한 것 같고, 전선 같은 것도 누군가 이미 사용하고 있었죠. 마침 그때 왕다루王大陸라는 배우가 마마MAMA 시상식에서 실수로 '빅 플랫폼'이라는 단어를 내뱉었는데, 젊은 남성인 우리 웹사이트 관리자가 그 단어가 요즘 아주 핫해서 조회수가 올라갈 거라고 했어요. 나중에 정말로 그렇게 지었죠. (웃음)

장면 둘　　법안 발의 계획 변경

2016년 말, 결혼평등권빅플랫폼은 모든 회원 단체를 통합하고, 유 의원과 공동으로 논의한 법안의 조문도 일단락 짓는다. 당시 훈훈한 사회 분위기에 반대 단체들도 과격한 발언이나 행동을 보이지 않았다. 거기에 차이잉원 총통 역시 취임 전에 결혼 평등권을 추진하겠다고 약속한 터였다. 이 모든 상황을 고려해 진행을 서두르지 않고 법안 상정을 2017년 음력설이 지난 뒤의 회기에 하기로 결정한다.

그런데 뜻밖에도 비안성 타이완대학교 외국어과 교수가 2016년 프라이드 퍼레이드를 하루 앞둔 날 밤, 건물에서 추락사해 충격을 안긴다. 이 비극적 사건은 성소수자 커뮤니티를 망연자실하게 하고, 동성 커플의 권리 문제에 관한 사회적 관심을 촉발한다. 그뿐만 아니라 국민당의 신임 국회의원 쉬위런은 정치 토론 프로그램에서 결혼 평등권 법안을 발의하겠다고 공개적으로 밝혀 민진당을 압박한다.

> **원래 *2017*년에 법안 발의를 계획했다고 들었는데, 돌연 *2016*년으로 변경한 이유는 무엇인가요?**

자오위안　　당시 우리는 법안의 조문에 대한 논의를 거의 끝마쳤어요. 마침 유 의원도 소집위원으로 뽑힌 상태였고요.

하지만 발의 전략은 아직 논의되지도 않았을뿐더러 그렇게 서두를 이유도 없었죠.

야맹 제가 기억하기로 우리는 원래 2017년에 발의하기로 했어요. 하지만 비안성 선생님 사건이 터지고 그것이 도화선이 됐지요.

샤오두 맞아요. 행진을 하루 앞둔 날이었어요. 게다가 차이잉원 총통이 선거 운동 기간에 동성 결혼을 지지한다고 공개적으로 밝혔기 때문에 여론이 전반적으로 우리에게 유리하게 흘러갔어요.

스팡 저는 한 가지 일이 기억나요. 쉬위런 의원이 〈할 말은 하자有話好說〉라는 정치 토론 프로그램에 나가서 발의를 공개적으로 천명했던 일이요. 그때 우리는 민진당을 향해 "당신들이 먼저 발의하지 않으면, 국민당에서 먼저 할 것이고 그러면 상당히 껄끄러워질 것이다"라고 으름장을 놓았어요.

자오위안 맞아요. 차이잉원 총통이 정치적 약속을 했기 때문에 민진당은 쉬 의원보다 앞서서 법안을 발의해야 했어요. 그래서 유 의원은 국회의원들을 찾아가 공동 서명을 받아낸 뒤 기자 회견을 열어 정식으로 법안을 발의하겠다고 선언했죠.

야맹 그때 유 의원이 우리를 찾아와 회의한 것이 생각나요. 그 자리에서 바로 발의하자고 결정했죠.

보수 단체들의 공격

유메이뉘 의원이 법안을 발의한 후 2016년 11월 17일 입법원의 사법 및 법제위원회가 소집되어 심의 절차가 시작되자, 성소수자권리운동에 반대하는 보수 단체는 대대적으로 신문에 광고를 게재한 뒤 사람들을 끌어 모아 입법원을 에워싸고 무릎을 꿇거나 담을 넘는 등 온갖 짓을 벌인다. 심지어 이들 시위대의 어떤 사람은 보좌관과의 인맥을 이용해 회의실에 몰래 숨어들어 과격한 행동과 발언을 일삼으면서 유 의원을 위협했다. 결국 신변의 안전을 위협당한 유 의원은 경호를 받으며 긴급하게 현장을 떠난다.

당일 빅플랫폼 회원 단체들은 카페에 모여 회의 생중계를 지켜보다가 보수 단체들의 예상 밖의 행동에 충격을 받았다. 유 위원이 당한 일에 굴욕감을 넘어 끔찍함을 느꼈다. 많은 사람이 이 일로 눈물을 떨구었다. 이 사건은 그들이 가졌던 장밋빛 환상을 산산조각 냈다. 총통이 지지를 표명하고 사회 여론이 우호적인 순조로운 상황이라고 해도 그들의 앞길은 여전히 가시밭길이었다.

2016년 11월 17일에 법안 심의를 위해 회의를 주재하던 유 의원이 반대 단체들의 거센 항의에 부딪혔는데요. 빅플랫폼에서는 어떻게 대응했는지요?

신제	제 기억으로는 심사 당일에 집회를 열지 않기로 결정했어요. 잠시만요, 덩주위안, 왜 그런 표정을 지어요? 설마 그날에 대해 아무것도 기억하지 못하는 건 아니죠?
야맹	남들이 보면 우리가 술에 취한 채로 토론을 하고 있다고 생각할 것 같아요. (폭소)
자오위안	당시 유 의원이 위원장을 맡고 있었기 때문에 반대파를 자극하지 않으려고 집회를 열지 않기로 했어요.
스팡	그전에 보수 단체에서는 별다른 움직임이 없었어요. 진정한사랑연맹이 2013년 11월 30일에 카이다거란대로에서 연 집회와는 비교가 안 될 정도로요.
자오위안	맞아요. 길바닥에 무릎을 꿇고 애걸하는 일 같은 건 본 적이 없죠.
샤오두	당시 우리는 그 법안이 사회의 보편적인 지지를 얻고 있다고 생각했어요. 부러 집회를 열어 사회적 대립을 불러일으키고 싶지 않았고, 정부에 해당 법안이 논란의 여지없이 통과될 수 있다고 확신을 주고 싶기도 했고요.
야맹	맞아요. 그래서 우리는 반대 단체의 반격이 그렇게 극단적으로…… 치달을 줄은 꿈에도 몰랐어요.
스팡	정부도 확실히 곤란한 상황이 되었어요. 그전에 얘기된 것이 신중을 기해 조용히 통과될 수 있게 하자는

것이었거든요. 하지만 그런 방식이 불가능하다는 것을 나중에야 알았죠, 하하하.

신제　그날 우린 카페에 있었나요? 상원은 출근했던가요? 제이도 왔었나요?

상원　난 계속 출근했거든요!

제이　저는 현장 촬영을 위해 입법원으로 팀을 데리고 갔을 거예요.

자오위안　맞아요. 장소를 빌려 저쪽의 상황을 화면으로 보고 있었어요. 그들이 입법원으로 쳐들어가서 회의장 문을 미친 듯이 두드리는 것을 보았죠. 그 사람들은 이성을 잃고 "유메이뉘, 우리한테 이러지 마!"라고 포효하듯 외쳤어요.

신디　우리는 카페에 있었어요. 제 기억에 유 의원의 보좌진과 쉬위런 의원이 우리와 지속적으로 접촉하면서 무슨 일이 일어나고 있는지 알려주었어요. 우리는 보수단체가 회의장으로 쳐들어와서 유 의원을 다치게 하지는 않을까 조마조마했어요. 정말이지 물리적 폭력을 쓸 줄은 몰랐어요.

스팡　그날 보수 단체가 그렇게 나오리라고는 전혀 예상치 못했기 때문에 그 소식을 접하고는 몹시 혼란스러웠어요! 게다가 그날 카페의 인터넷은 어쩜 그렇게 형편없이! 느린! 건지! 우리는 지하에 있었거든요. 대체 무슨 일이 일어나고 있는 거지? 왜 아무 소리도 안 들려?

신제 맞아요. 국회의원들이 우리한테 전화를 해도 받지 못한 게 한두 번이 아니었어요. 기억하기로는 당시 유 의원과 쉬 의원이 전화해서 공청회를 열 수 있겠느냐고 물었어요. 우리는 안 된다고 완강하게 반대했고요. 나중에 위원회의 심의 회의가 강제로 휴회된 뒤 언론에서 끈질기게 우리의 성명을 요구하는 바람에 입법원 연구동 옆 공간에서 기자 회견을 열기로 했잖아요. 우리는 카페에서 나와 눈에 띄지 않게 입법원으로 갔어요. 반대 시위자들을 만나 공격을 받을까 봐 겁이 나서 뒷문으로 들어갔죠. 그날 온라인에서는 반대 단체들이 우리를 걸고넘어지는데 우리는 가만히 있을 거냐고 갑론을박이 벌어지기도 했어요.

스팡 그곳은 기자 회견이 열린 적이 없는 장소였죠. 전장가鎮江街 교차로에 있는 입법원 연구동 뒤에 있어요. 반대 측 목사가 달려와 호통을 치더군요. 아무튼 광풍이 몰아친 하루였어요.

신제 맞아요. 그 사람 이름이 뭐였죠? 기억이 안 나네. 소크라테스인지 뭔지 그런 이름이었는데. (웃음)

야맹 신데버라忻底波拉, Deborah Hsing! 중요한 건 그쪽에서 우리를 알아보고는 한바탕 소리를 질렀다는 거예요.

신제 그날 다들 마음이 어땠어요? 기억나요?

야맹 돌이켜 보면 우리는 당시에 정세 판단을 잘못한 것 같아요. 상대방이 그렇게 격렬하게 반격에 나설 줄은 전혀 몰랐으니 크게 상처받았죠. 순조롭게 통과될 수 있다고 생각했는데, 결과적으로 두 번의 공청회를 받아들일 수밖에 없어서 뭔가 조롱당한 느낌이었어요. 나중에 자오위안이 우는 것을 우연히 보게 되었죠.

자오위안 댁이 먼저 울었거든요!

야맹 예, 예, 인정할게요. 제가 먼저 울었어요. 이제 됐어요?

신제 둘 다 실은 굉장히 냉정한 사람들이잖아요. 우는 모습을 본 건 처음이에요!

야맹 유 의원이 너무 안쓰럽기 때문이기도 했어요.

신디 맞아요. 반대파 사람들이 유 의원을 해칠까 봐 덜컥 겁이 났어요. 이성을 잃고 막무가내로 행동하는 모습에 정말로 놀랐고, 양자 간에 격렬한 싸움으로 번질까 걱정이 되었어요.

야맹 그전까지는 반대 단체들이 물리적 폭력을 쓰지는 않았잖아요.

신제 성소수자를 만난 적이 없어서 그래요. 그 사람들은 동성애자와 만나면 자신이 동성애자가 될 거라고 생각할걸요. 예전에는 성소수자들 주위를 에워싸기는 했지만, 담을 넘거나 하지는 않았다고요!

사법 및 법제위원회는 해당 법안의 심의를 이어나가기에 앞서 두 차례의 공청회를 열기로 결정한다. 예상치 못한 반대 단체들의 새로운 전략을 맞닥뜨린 빅플랫폼 회원들은 자신들이 무엇과 맞서고 있는지를 일제히 각성하면서, 정면충돌하지 않는 선에서 대규모 집회를 열어 지지층의 구심력을 모으기로 했다. 또한 사람은 질지언정 진영은 지지 않는다는 기세를 대중에게 보여주기로 결심했다.

> 반대 단체들의 깜짝 놀랄 기세를 보고 빅플랫폼에서는 어떤 전략을 세우고 다음 행동에 돌입했습니까?

신제 메이커가 합류했어요. 허허, 우리는 논의 끝에 법안 심의가 있는 날이면 여지없이 집회를 열기로 했는데, 그때마다 집회 허가를 받아야 했으니까요.

상원 맞아요. 반대 단체와 정면으로 맞서지는 않겠지만 집회는 열자고 했어요.

자오위안 11월 17일에 반대 단체의 움직임이 너무나 격렬해서 우리는 앞으로 거리에서의 세 싸움도 상당할 거라고 생각했죠. 국회의원의 지지에 의지하는 것만으로는 충분하지 않을 것 같았어요.

메이커 저는 바로 그런 분위기 속에서 합류했어요. "앞으로 지지자들을 자주 동원해야 할 것 같다"라는 말을 들었어요. 하지만 초기에는 참여하는 사람들 대부분이 비상근 인력이라 이후에도 계속 이렇게 자주 동원하기는 어려울 것 같았어요.

스팡 당시 우리는 달력을 꺼내서 법안 심의가 언제 있을지 날짜를 가늠했어요. 허허, 모든 날짜에 집회 허가를 신청하기로 했지요.

주위안 12월 3일 반대 단체는 카이다거란대로에서 집회를 열었고, 우리는 그 날짜 뒤로 집회를 열기로 했죠. 마침 12월 10일이 세계 인권의 날이라 그날 25만 명을 동원하는 콘서트를 기획했어요.

야맹 반대 단체의 집회를 보고 화가 난 사람들이 일제히 우르르 몰려나왔어요.

메이커 우리 계획은 그들이 집회를 열면 우리도 이어서 집회를 연다는 것이었어요. 그들과 정면충돌하는 상황을 피하기 위해 행사나 집회를 준비할 때는 그 주변 지역까지 전부 집회 허가를 신청했어요. 예컨대 칭다오둥로에서 집회를 하려면 중산난로, 린썬林森, 지난로까지 다 허가를 받아야 했죠. 당시에 다들 제게 신분증을 빌려줬는데요, 시스템이 열리면 다른 사람이 등록하기 전에 장소를 선점하기 위해서였죠.

신제 하지만 행사를 하려면 돈이 많이 들죠. 그때 제이와 신디가 나서서 필요한 돈을 많이 모금했어요. 우리 같은 작은 NGO는 정말이지 버티기가 힘들어요.

마이크 예산을 뽑아서 제이와 신디에게 주었더니 두 사람은 한번 쓱 보고는 방법을 찾겠다고 했어요. 그 후 첫 번째 기금 마련 행사에서 100만 타이완 달러가 들어왔죠.

신제 정말 큰 힘이 됐다니까요!

샤오두 당시 우리를 도와주는 사람들이 아주 많았어요. 심지어 반대 단체조차 우리 홍보에 도움이 많이 됐다니까요. 왜냐하면 그들은 헛소문과 광고, 가짜 뉴스를 마구잡이로 쏟아냈거든요. 이성애자들조차 그런 식의 홍보가 황당무계하다고 느꼈으니까요.

신제 제이, 모금하러 다닐 때 사람들의 반응은 어땠나요?

제이 성소수자 단체들이 모든 화력을 동원해 전면전을 펼치고 있다는 것을 사람들이 인식하는 것 같았어요. 저와 신디의 전략은 이랬어요. 우선 성소수자 자녀를 둔 나이 지긋한 부부를 찾아가기로 했어요. 어느 정도 재력을 가진 사람들이니 기꺼이 기부할 가능성이 높았죠. 또 연예계에서 자리를 잡은 사람들과도 연락을 취했어요. 공개적으로 이름을 밝히기는 원치 않았지만, 다들 타이완 달러 10만이든 15만이든 흔쾌히 내주었어요. 덕분에 모금 활동은 굉장히 순조롭게 진행되었죠.

2018년 초, 반대 단체가 국민투표를 제안했을 때 빅플랫폼에서는 어떤 논의를 거쳤나요? 최종적으로 왜 국민투표를 받아들이기로 했습니까?

신제 국민투표와 관련해서는 사실 우리는 처음에는 단순히 '3개 안 반대'를 촉구하는 캠페인만 하려고 했어요. 결과적으로 다른 사람이 제기한 동성 결혼 지지 국민투표를 맞닥뜨리게 되었죠. 음, 다들 기억해요? 우리가 어떻게 '2개 안 찬성, 3개 안 반대'를 추진하기로 결정했는지?

샤오두 빅플랫폼은 다른 국제 조직의 자문을 받았어요. 미국의 '결혼의 자유' 관계자는 국민투표 관련 정보는 매우 복잡하기 때문에 사람들에게 무엇에 관해 투표하는지를 명확하게 알리는 것이 가장 중요하다고 말했어요. 그래서 전략적으로 '3개 안 반대'라는 슬로건만 내걸기로 했지요. 나중에는 동의를 묻는 두 가지 안이 더 보태지는 바람에 '2개 안 찬성, 3개 안 반대'로 바꿀 수밖에 없었지만.

신제 그때 다들 기분이 어땠는지 기억해요?

야맹 당시 가장 속상해했던 사람은 아마 신제 당신이었죠! (웃음) 먀오보야와 의논한 것으로 아는데?

신제 맞아요. 그들을 찾아가 상의했죠. 그들을 성소수자 상담핫라인협회 사무실로 초대해 이야기를 나누었어요. 당시 몇몇 동료도 함께했죠. 먀오보야는 동성 결혼 지지 여부를 묻는 국민투표를 발의하겠다는 이야기를 소셜 미디어에 올렸어요. 우리는 그러지 말라고 먀오보야를 설득하고 싶었어요. 하지만 당시 토론에 온 먀오보야와 원랑둥溫朗東* 등 소셜 미디어의 유명 인사들은 국민이 이 일을 결정했으면 했어요.

자오위안 이미 성소수자의 권리를 옹호하는 헌법 해석이 나왔기 때문에 다급해진 반대 단체들은 국민투표를 통해 그 판결을 뒤집으려고 했고요. 하지만 우리는 전략적으로 입법원에서 법안을 통과시키거나 헌법 해석 기한인 2년이 넘기를 기다리기만 하면 되었죠.

신제 맞아요. 우리가 세운 전략상 동성 결혼 지지 여부를 묻는 추가적인 국민투표는 불합리하다고 생각했어요. 하지만 먀오보야는 열정적이었고, 소셜 미디어에 이미 글을 올렸던 것으로 기억해요. 그런 방식에 대해서는 사전에 상의한 바가 없어서 당시 우리는 확실히 속수무책이었어요.

스팡 갈등을 피하고 단결하기 위해, 또한 사람들이 와서 물

* 정치 평론가.

을 것이기에 결국 우리는 동성 결혼 지지 여부를 국민투표에 부치는 데 필요한 서명을 받는 일에 힘을 쏟았어요. 회피하지 않았죠. 찬성 2개 안이 국민투표에 포함된 뒤에 우리는 '2개 안 찬성, 3개 안 반대'라는 슬로건을 채택했어요.

신제 우리는 국민투표 결과에 놀라지 않았어요. 11월 중순에 실시한 여론조사 결과를 보았거든요. 끔찍했죠. 그 결과가 진짜인지 확신하지 못해서 여론조사가 부정확한 것 아니냐는 의문을 품었어요. (웃음) 심지어 정치학 교수에게 자문을 구하기도 했는데, 다들 그다지 합리적이지 않다고 했어요. 나중에 한참을 논의한 끝에 여론조사 결과를 발표하지 않기로 했지요.

야맹 우리는 여론조사를 총 세 번 실시했어요.

신제 7월과 9월의 여론조사에서는 반반으로 나왔고, 11월의 마지막 여론조사에서는 지지율이 20퍼센트 하락한 것으로 나왔어요.

야맹 나중에 생각해보니 반대 단체에서 전국적으로 선거전 규모로 홍보를 했기 때문인 것 같아요.

스팡 그쪽은 30초짜리 텔레비전 광고를 몇 개나 만들었고 노출 빈도도 우리보다 훨씬 높았어요. 우리도 광고를 하려고 돈을 모았지만 방송국에서 계속 받아주지 않았어요.

상원 모 방송국의 어느 시간대 광고를 몇 달 전에 예약해두었는데, 10월 말이 되자 방송국에서 이사회의 결정으로 방송을 하지 않기로 했다고 통보를 해왔어요. 그걸로 광고는 없어졌지요.

신제 심지어 몇몇 버스 광고도 거절당했어요.

샤오두 국민투표가 확정된 후 우리는 투표가 성소수자 개인의 정서에 큰 영향을 미칠 수밖에 없다는 것을 알았어요. 그래서 전화 상담 등 우리가 할 수 있는 일이 무엇일지 고민했죠.

야맹 훗날 국민투표 결과가 나왔을 때 저조차도 심리적으로 영향을 받았어요. 당시 성소수자 상담핫라인협회는 각 지역의 성소수자 단체들과 연계해서 지역 사회의 성소수자를 위한 여러 활동을 펼쳤어요. 많은 성소수자들이 안 좋은 상황에 있었거든요.

신제 결과가 거의 확정되었을 때에 우리는 바로 논의를 시작했어요. 우리가 너무 힘들어하고 낙담하는 모습을 보이면 단체 사람들이 희망이 없다고 느낄 것 같았거든요. 활동가로서 우리는 "어쨌든 아직 희망이 있고", "끝까지 포기하지 않을 것임을" 보여주어야 할 책임이 있으니까요.

국민투표 참패로 민법 개정은 물거품이 되었지만, 빅플랫폼은 여전히 희망을 잃지 않고 특별법에 가능한 한 포괄적 내용을 담도록 최선을 다했다. 2019년 5월 17일 마침내 입법원에서 「사법원 석자 제748호 해석 시행법」이 통과된다. 수많은 사람이 퍼붓는 빗줄기 속에서 비옷 차림으로 서로 부둥켜안고 감동의 눈물을 흘렸다. 그 순간 그들의 기쁨을 알고 함께 나누려는 듯 하늘에도 한 줄기 무지개가 떠올랐다.

흥분한 사람들과 달리, 지난 3년 남짓 모든 압박과 책임을 떠안은 채 공적인 일에 희로애락을 드러내지 않는 것에 익숙했던 빅플랫폼 활동가들은 그날 잠이나 실컷 자고 싶었는지도 모른다. 감동이 찾아오지 않은 게 아니라, 이미 도래한 그 감동을 실감하려면 시간이 더 필요했을 것이다. 각자의 삶으로 돌아간 뒤 일상에서 무심결에 자신들이 얼마나 대단한 일을 해냈는지 깨닫게 되리라.

처음 지인의 동성 결혼식에 참석했을 때, 메이커는 친구가 반려자는 물론 양가 부모님과 함께 단상에 선 것을 보고는 벅찬 감동에 사로잡혔다.

"그러고 보니 제가 정말로 그들의 삶과 타이완을 바꾸어 놓았더라고요. 정말이지 멋지고 아름다운 일이죠."

상원은 폭풍과도 같았던 그 몇 년을 지나오면서 '소통하고자 하는 의지'를 지켜나가는 것이 얼마나 어렵고 중요한지를 깨달았다.

"그래요. 억지를 부리는 보수 단체 사람들과 소통하고 싶지 않은 순간이 많았던 것을 인정해요. 하지만 빅플랫폼의 일원으로서 그 이미지와 입장을 고려해서라도 반드시 소통해야만 했죠. 돌이켜 보면 대립하는 상대와도 대화를 나누었던 일이 가장 큰 성장이 아니었나 싶어요."

스팡과 자오위안은 2년 전의 일을 추억하면서 누구든 자신의 미약한 힘이나마 쏟아부으면 무한한 가능성을 만들어낼 수 있다는 것을 뼈저리게 느꼈다.

"많은 사람이 사회 변화를 위해 자기 삶을 걸고 실천을 했어요. 일례로 어떤 학생은 자신의 스승인 대법관에게 커밍아웃하기로 결심했죠. 이런 선의의 물결에 크게 감동했어요."

스팡의 말이다. 한편 수십 년간 여성운동에 몸 담아온 자오위안은 사회운동에서 이렇게 높은 수준의 참여를 본 적이 없다고 말한다.

"과거에는 몇몇 단체끼리 서로 서명을 해주는 정도였어요. 이 일은 제게 많은 것을 가르쳐준 정말이지 고무적인 경험이에요. 사회운동을 할 때 더 많은 사람이 힘을 보태게 하려면 어떻게 해야 하는지를 배운 것이죠."

기금 마련에 큰 기여를 한 제이는 민주주의의 힘을 직접 경험했다고 한다.

"자기 목소리를 내면 정말로 역사를 바꿀 수 있어요."

신제는 파란만장했던 여정을 적절한 한마디로 요약했다.

"무엇이든 가능해요Everything is possible. 우리 함께 이렇게 엄청난 일도 해냈잖아요. 해내지 못할 일은 없어요."

그렇다. 우리가 함께 해낸 것이다. 빅플랫폼에 감사를 전한다. 또한 그때 그 시절 함께 용기를 냈던 모든 사람에게 감사를 전한다.

나오며

초심

여섯 빛깔 무지개
빨강, 주황, 노랑, 초록, 파랑, 그리고 남보라
성소수자의 자랑스러운 깃발
무지개평등권빅플랫폼 로고의 중요한 요소
무엇보다 줄곧 우리를 일깨우고 우리에게 온기를 준 정신적 상징
|
비 온 뒤 맑음
2019년 5월 17일의 변화무쌍한 날씨이자,
동성 결혼 법안의 통과,
그리고 또 다른 도전의 시작
|
이 책을 이토록 아름다운 변화를 위해
변치 않는 초심으로 헌신한 당신에게 바친다.

특별히 감사드려야 할 분들

|

치자웨이, 퉁쯔셴, 왕샤오디王小棣,

장청진蔣承縉(장거蔣哥),

린다한林大涵과 정훙이鄭弘儀,

BACKER-FOUNDER(貝殼放大),

최강의 후원자 마퉁馬桶과 표지 인물 웨이옌수魏嫣琇

|

Freedom to Marry Global

Evan Wolfson, Thalia Zepatos, Cameron Tolle

Open Society Foundations

Michael Haflin, Joy Chia

Equality Without Borders

Julie Dorf, Bill Smith, Chris Cordingles

Yes Equality Australia

Alex Greenwich, Tom Snow, Adam Knobel, Tim Gartrell

Human Rights Campaign

Global Team

OutRight Action International

Jessica Stern

과거의 결혼평등권빅플랫폼,

현재의 무지개평등권빅플랫폼과 협력한

|

단체

타이완 성소수자 상담핫라인협회, 타이완 성소수자 가족권익촉진회, 여성자각재단, 타이완 성소수자 인권법안로비연맹, GagaOOLala 성소수자 동영상 플랫폼, 으뜸책방, 성소수자 같은빛장로교회, 참빛복음교회, 타이완성평등교육협회, 타이중 기지, 타이난 새싹, 가오슝시 여성권익촉진회, 성평등 교육 빅플랫폼, 평등권 국민투표 조직, 타이완 전역의 68개 국민투표 협력 단체, 힘을 보탠 협력자들

|

활동가

뤼신제, 덩주위안, Aki YJ Chen, Kelvin Lin, 차오청시, 쉐순원薛舜文, 궈이팅, 황신이黃馨儀, 린중이林忠毅, 왕샹王祥, 린위팅林鈺婷, 웡위칭翁鈺清, 런원제任紋潔, 리즈천, 류위팅劉宇霆, 펑메이쥔馮梅君, 저우즈쉬안周芷萱, 리핑야오李屏瑤, 장충원張瓊文, 리정한李政翰, 정위징鄭昱菁, 천위커陳玉珂, 우둥잉吳東穎, 황이쉬안黃譯萱, 린펑인林風吟, 천나이자陳乃嘉, 신이忻儀, 린쥔옌林均諺, 줘윈쉬안卓芸萱, 야오완쉬안姚皖萱, 판나이건潘乃亘(합류 순서)

|

이사 및 감사

리핑야오, 쩌우중한鄒宗翰, 쑤산蘇珊, 펑즈류, 천잉전陳盈蓁, 리쉬안핑黎璿萍, 두쓰청, Ciwang Teyra, 덩제鄧傑, 리정한, 린스팡, 린즈제

☀ 2019년 5월 24일, 타이완의 동성 커플이 혼인 신고를 한 첫날 레드 카펫 역할을 한 커다란 깃발.